Bénéficiez de vos avantages immédiatement !

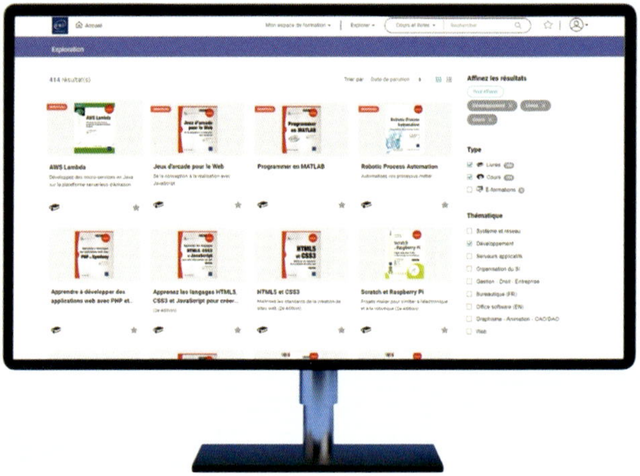

VOTRE AVANTAGE

1 an d'accès à la version en ligne de votre livre

Pour bénéficier de vos avantages, contactez-nous : suivicommande@eni.fr

+ VOTRE OFFRE DÉCOUVERTE

Le 1er mois à 9,90€* au lieu de 49€

Tous nos livres en ligne & vidéos en illimité 24h/24 7j/7

Développement web, bureautique, système & réseau, PAO...

*Offre valable jusqu'à 3 mois après l'achat du livre papier (la date de la facture faisant foi). Après le 1er mois, l'abonnement est facturé 49€/mois, résiliable à tout moment sur votre compte Editions ENI. Hors clients webpro et promotions en cours.

Référence
BUREAUTIQUE

EXCEL

Microsoft 365

Fonctions de base

ISBN : 978-2-409-03108-3
Imprimé en France

Editions ENI

Rue Benjamin Franklin
44800 St HERBLAIN
Tél. 02.51.80.15.15
Fax 02.51.80.15.16

e-mail : editions@eni.fr
http://www.editions-eni.com

Collection dirigée par Corinne HERVO

Index

Avant-propos

Cet ouvrage est destiné à tout utilisateur d'Excel Microsoft 365, version d'Excel disponible avec un abonnement Microsoft 365. Il a été conçu pour vous permettre de retrouver rapidement les options à activer et les manipulations à effectuer pour réaliser telle ou telle opération. Les dessins d'écrans proposés tout au long de ces pages permettent d'expliciter la manœuvre en cours en affichant la boîte de dialogue correspondant à la commande ou en proposant un exemple précis. Cet ouvrage est composé de huit parties :

Vous trouverez en Annexe la liste des principaux raccourcis-clavier. Les dernières pages de cet ouvrage présentent un index thématique qui sera fort utile pour retrouver rapidement telle ou telle manipulation.

Conventions typographiques

Pour que l'utilisateur puisse plus facilement retrouver et interpréter les informations qui l'intéressent, nous avons adopté les conventions typographiques suivantes.

Ces styles de caractères sont utilisés pour :

gras	indiquer une option du menu ou d'une boîte de dialogue à activer.
italique	un commentaire introduisant la manipulation ou explicitant les modifications visibles sur votre écran.
Ctrl	symboliser les touches du clavier sur lesquelles vous devez appuyer ; lorsque deux touches sont placées l'une à côté de l'autre, vous devez appuyer simultanément sur les deux touches.

Les symboles suivants introduisent :

la manipulation à exécuter (activer une option, cliquer avec la souris...).

une remarque d'ordre général sur la commande en cours.

une astuce à connaître et à retenir !

Table des matières

Excel Microsoft 365

Environnement

Affichage

La gestion des fichiers

Classeurs

Table des matières

La saisie/modification des données

Déplacements/sélections dans une feuille

Saisie et modification des données

Calculs

Copies et déplacements

Les feuilles de calcul

Feuilles

Lignes, colonnes, cellules

Table des matières

La présentation des données

L'impression des données

Table des matières

Les graphiques

Création de graphiques

Options graphiques

Les objets graphiques

Objets graphiques

Table des matières

Gestion des objets

Lancer Excel Microsoft 365

À partir de Windows

Ouvrez le menu **Démarrer** puis activez ensuite l'application **Excel**.

À l'ouverture du logiciel, l'écran d'accueil d'Excel s'affiche à partir duquel vous pouvez directement accéder à l'un de vos classeurs, ou en créer un nouveau en utilisant ou non un modèle. Cet écran d'accueil se présente ainsi :

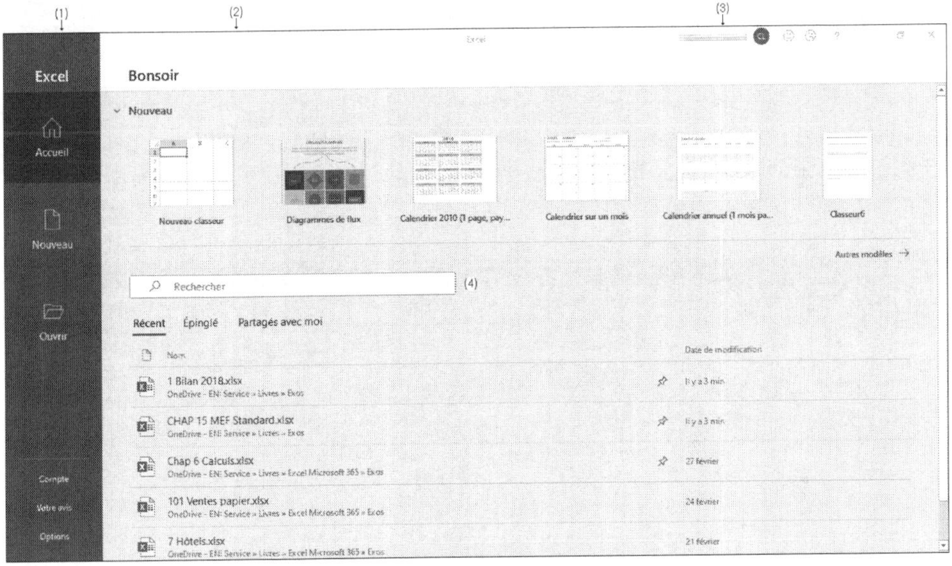

(1) Le contenu du volet gauche de la page d'accueil donne accès aux fonctions de bases : **Nouveau**, **Ouvrir** ainsi qu'aux fonctions de gestion de votre **Compte** et des **Options** du logiciel.

(2) Sur le volet de droite vous retrouvez les boutons d'**Aide**, **Réduire**, **Agrandir** (ou **Niveau inférieur**) et **Fermer**. Notez que les vignettes de ce volet vous permettent de créer un tout nouveau classeur (vignette **Nouveau classeur**) ou de créer un classeur à partir d'un des modèles proposés dont la liste est visible grâce au lien **Autres Modèles**.

(3) Nom de l'utilisateur actif. Les icônes ☺ et ☹ permettent d'envoyer un commentaire positif ou négatif sur l'utilisation du logiciel ; par défaut, une capture de l'écran est jointe au message. Ces commentaires sont ensuite utilisés par Microsoft pour apporter des améliorations au logiciel.

- Pour commencer à travailler sur une feuille de calcul Excel, vous pouvez donc soit créer un **Nouveau classeur** Excel vierge ou basé sur un modèle, ouvrir un classeur récemment utilisé (onglet **Récent**), épinglé (onglet **Épinglé**) ou partagé (onglet **Partagés avec moi**).
- La zone de recherche (4) de la page d'accueil d'un compte Microsoft 365 permet de retrouver rapidement un fichier.

Pour en savoir plus sur la gestion des modèles, nous vous invitons à vous référer au titre Créer un classeur basé sur un modèle du chapitre Classeurs.

- Cliquez sur la vignette **Nouveau classeur** située sur l'écran d'accueil pour obtenir la fenêtre de travail proprement dite d'Excel.

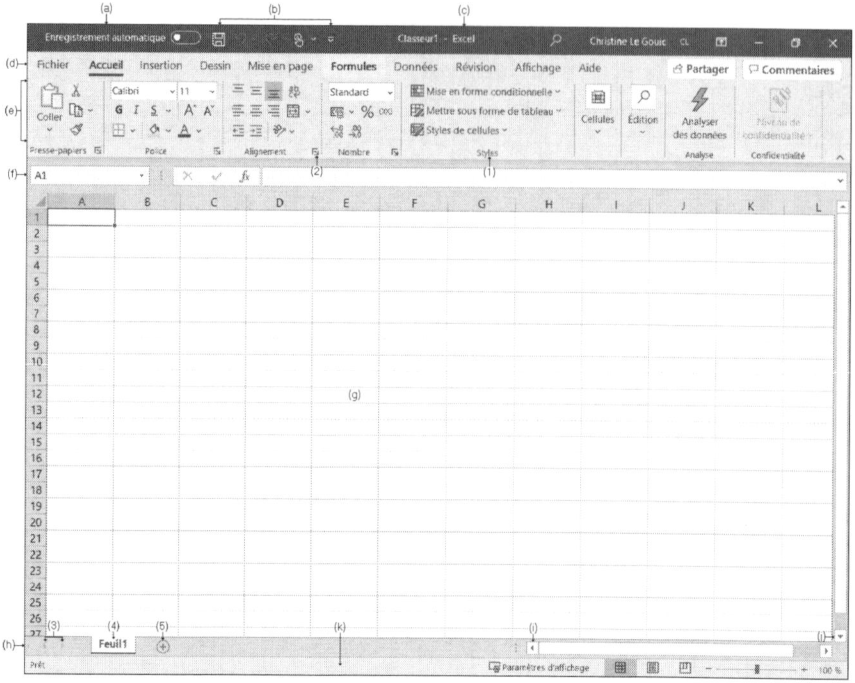

Le bouton **Enregistrement automatique** (a) permet d'activer ou de désactiver l'enregistrement des modifications apportées au classeur dès qu'elles sont saisies. (cf. chapitre Classeurs).

La barre d'outils **Accès rapide** (b) contient les outils les plus fréquemment utilisés. Vous pouvez la personnaliser en l'affichant sous le ruban ou en y ajoutant de nouveaux outils.

La **barre de titre** (c) affiche, à gauche, le nom du classeur (**ClasseurN** lorsque celui-ci n'est pas encore enregistré) suivi du nom de l'application Excel ; au centre, la zone de recherche de l'aide intuitive qui permet de rechercher une fonctionnalité et de l'exécuter (cf. Utiliser l'Aide - Aide intuitive) ; à droite, vous retrouvez le nom de l'utilisateur connecté, l'outil **Options d'affichage du ruban**, **Réduire**, **Niveau inférieur** (ou **Agrandir**) et **Fermer**.

L'onglet **Fichier** (d) active le mode Microsoft Office Backstage qui masque temporairement la feuille de calcul et affiche un menu donnant accès aux fonctionnalités de base de l'application (créer un nouveau classeur, ouvrir, enregistrer et fermer un classeur, imprimer...) mais aussi à d'autres fonctionnalités comme celle permettant de partager un fichier ou encore, celles permettant de paramétrer les comptes utilisateurs et l'application Excel.

Le **Ruban** (e) comporte la majorité des commandes de l'application Microsoft Excel. Ces commandes sont regroupées par tâches, chacune de ces tâches étant représentée par un onglet. La sélection de certains objets (comme par exemple une image), fait apparaître des onglets supplémentaires, appelés **onglets contextuels**. Ces onglets s'affichent à droite des onglets standards et regroupent les commandes appropriées à l'objet sélectionné. Chaque onglet présente plusieurs **groupes** (1) de commandes (ou sous-tâches) dans lesquels vous visualisez des boutons de commande permettant de réaliser la plupart des manipulations. Certains des groupes présentent un **Lanceur de boîte de dialogue** (2) permettant d'afficher une boîte de dialogue ou un volet Office donnant accès à des options supplémentaires.

Selon la résolution de votre écran, les options et icônes visibles dans chaque onglet peuvent se présenter différemment (cf. Utiliser/gérer le ruban).

À droite de la barre d'onglets, vous visualisez les boutons **Partager** et **Commentaires**.

La **Zone Nom** (f)  et, à droite, la **barre de formule** ; la zone Nom permet d'afficher des informations sur la cellule active tandis que la barre de formule permet de saisir et de modifier des données. Chacune de ces deux zones peut être dimensionnée.

La **feuille de calcul** (g) est composée de **cellules** organisées en lignes et en colonnes ; les lignes sont caractérisées par des numéros tandis que les colonnes le sont par des lettres. Vous disposez de 1 048 576 lignes et de 16 384 colonnes (identifiées de A à XFD) ; chaque cellule correspond à l'intersection d'une ligne et d'une colonne et est identifiée par la lettre associée à cette colonne et le numéro associé à cette ligne (on parle de **référence de cellule**). Par exemple, la cellule située à l'intersection de la troisième colonne et de la dixième ligne est identifiée **C10**. Lorsque vous êtes positionné dans une cellule, elle devient la cellule **active** et sa référence apparaît dans la zone **Nom**, à gauche de la barre de formule. Le carré vert qui apparaît dans le coin inférieur droit de la cellule active s'appelle la **poignée de recopie**.

Un classeur peut être composé de plusieurs feuilles de calcul (une par défaut), Excel affiche dans le bas de la feuille de calcul active, la barre des **onglets de feuille de calcul** (h) qui permet d'identifier chaque feuille ; cette barre contient les boutons de défilement des feuilles (3), le ou les onglets des feuilles (4) et le bouton **Nouvelle feuille** (5).

Les **barres de défilement** servent à faire défiler la feuille de calcul à l'horizontale (i) et à la verticale (j) ; les rectangles visibles dans ces barres sont appelés curseurs de défilement.

La **barre d'état** (k) affiche des informations sur l'environnement de travail, l'accès aux **Paramètres d'affichage**, le mode d'affichage, le bouton **Zoom** et le curseur de zoom. Vous pouvez modifier les indicateurs visibles sur la barre d'état.

Pour ne plus afficher la page d'accueil à chaque démarrage d'Excel et créer automatiquement un nouveau classeur, décochez l'option **Afficher l'écran de démarrage au lancement de cette application** (onglet **Fichier** - **Options** - catégorie **Général** - zone **Options de démarrage**).

Quitter Excel Microsoft 365

Cliquez sur l'outil **Fermer**  situé en haut à droite de la fenêtre Excel pour fermer le classeur et quitter l'application.

*L'option **Fermer** de l'onglet **Fichier** ferme le fichier et non l'application.*

Enregistrez, si besoin est, le classeur modifié.

Vous pouvez également utiliser le raccourci-clavier Alt F4 pour quitter Excel.

Utiliser/gérer le ruban

Par défaut Excel affiche les onglets et les commandes du ruban en permanence au-dessus de la barre de formule.

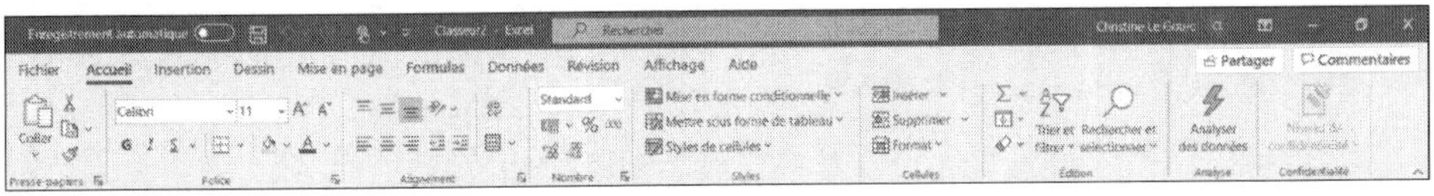

*Chaque onglet est divisé en plusieurs groupes. Par exemple, dans l'onglet **Accueil**, les commandes sont réparties dans neuf groupes : **Presse-papiers**, **Police**, **Alignement**, **Nombre**, **Styles**, **Cellules**, **Édition** et **Analyse** et **Confidentialité**.*

Selon la résolution de votre écran, les icônes et options visibles dans chaque onglet peuvent se présenter différemment.

Pour modifier le mode d'affichage du ruban, cliquez sur l'outil **Options d'affichage du ruban**, situé en haut à droite de l'écran, puis choisissez une des options proposées :

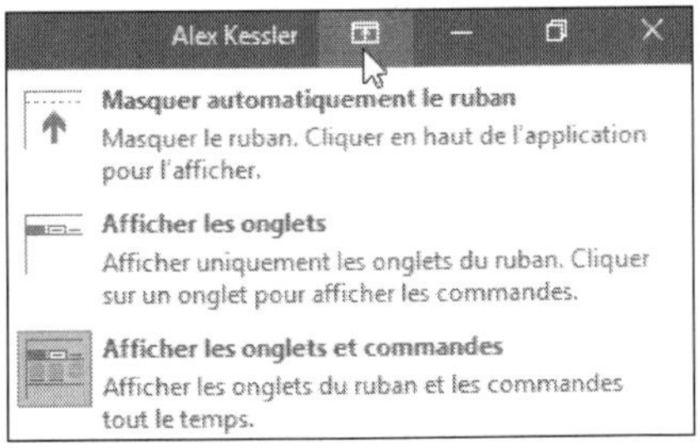

- **Masquer automatiquement le ruban** pour masquer les onglets et les commandes ; ensuite pour les afficher temporairement, vous devez cliquer sur l'icône *** située en haut à droite de l'écran. Pour le masquer à nouveau sans modifier ce mode, cliquez sur une cellule quelconque.

- **Afficher les onglets** pour n'afficher que les onglets ; dans ce cas, vous devez cliquer sur un onglet pour afficher ses commandes ; notez alors la présence du symbole représenté par une épingle situé à l'extrémité droite du ruban qui permet de fixer le ruban. Pour les masquer à nouveau sans modifier ce mode, cliquez sur une cellule quelconque.

*Pour activer ce mode, vous pouvez aussi cliquer sur le symbole **Réduire le ruban** situé à l'extrémité droite du ruban ou utiliser le raccourci-clavier* Ctrl F1.

- **Afficher les onglets et commandes** pour afficher le ruban en permanence (option active par défaut) ; vous pouvez également faire un double clic sur un onglet pour afficher le ruban en permanence.

Pour afficher la boîte de dialogue ou le volet Office associé à un groupe, cliquez sur le **lanceur de boîte de dialogue** visible dans la partie inférieure droite du groupe de commandes concerné.

Un menu contextuel apparaît lorsque vous cliquez avec le bouton droit de la souris sur un élément quelconque de la feuille de calcul (cellule, ligne, colonne...) ; il affiche uniquement les commandes pouvant être appliquées à cet élément.

Découvrir l'onglet Fichier

*L'onglet **Fichier** permet d'accéder aux fonctionnalités de gestion des fichiers (ouverture, enregistrement...), aux options de l'application Excel et au paramétrage du compte Microsoft Office.*

Cliquez sur l'onglet **Fichier**.

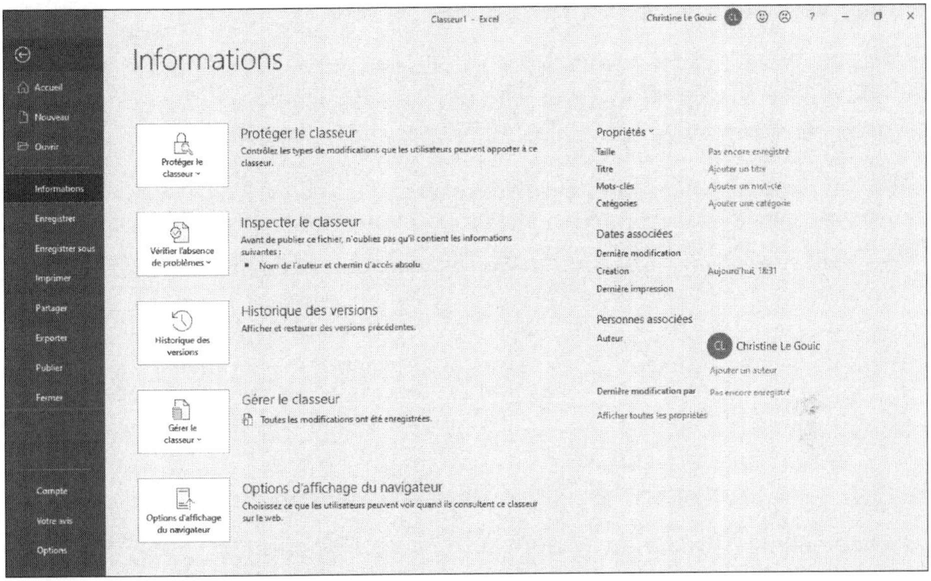

Vous activez ainsi le mode Backstage : le classeur en cours est momentanément masqué par une nouvelle fenêtre.

Le volet gauche de cette nouvelle fenêtre donne accès aux fonctions de base d'Excel (**Enregistrer**, **Enregistrer sous**, **Ouvrir**, **Fermer**, **Imprimer**...), mais aussi à d'autres fonctionnalités comme celle permettant de **Partager** un fichier ou encore, celles permettant de paramétrer le **Compte** utilisateur et l'application Excel (**Options**).

Selon la fonction choisie, un certain nombre d'options peuvent vous être proposées dans la partie droite de la fenêtre ; par exemple, pour la fonction **Nouveau**, vous pouvez choisir de créer un **Nouveau classeur** ou d'utiliser un des modèles proposés ou de rechercher un modèle en ligne.

Pour refermer l'onglet **Fichier** sans valider d'option, cliquez sur la flèche  située en haut du volet ou appuyez sur Echap.

Annuler les dernières commandes

- Pour annuler la dernière manipulation, cliquez sur l'outil **Annuler** visible dans la barre d'outils **Accès rapide** ou utilisez le raccourci-clavier Ctrl **Z**.
- Pour annuler les dernières manipulations, ouvrez la liste associée à l'outil **Annuler** pour afficher la liste des dernières actions puis cliquez sur la dernière des manipulations à annuler (cette action et toutes celles qui ont suivi seront annulées).

  Vous pouvez ainsi annuler jusqu'à 100 commandes consécutives.

Certaines actions, telles que l'ouverture ou l'enregistrement d'un classeur, ne peuvent pas être annulées. Dans ce cas, l'outil **Annuler** est remplacé par **Impossible d'annuler**.

Rétablir des commandes précédemment annulées

- Pour rétablir la dernière action annulée, cliquez sur l'outil **Rétablir** visible dans la barre d'outils **Accès rapide** ou utilisez le raccourci-clavier Ctrl **Y**.
- Pour rétablir les dernières actions annulées, ouvrez la liste associée à l'outil **Rétablir** et sélectionnez la dernière des manipulations à rétablir.

Répéter la dernière commande

Plutôt que de refaire plusieurs fois de suite la même manipulation, il est possible de la répéter.

- Si besoin, sélectionnez les cellules concernées par la répétition.
- Utilisez le raccourci-clavier Ctrl **Y** ou F4.

Utiliser l'Aide

Aide intuitive

*Intégrée à toutes les applications Microsoft 365, l'Aide intuitive est un assistant de recherche, nommé **Tell Me**, matérialisé par une zone de recherche visible au centre de la barre de titre. Selon les mots-clés saisis, les suggestions proposées qui s'affichent permettent d'exécuter la commande concernée sans que l'utilisateur ait besoin de rechercher la commande pour l'exécuter.*

- Activez la zone de recherche **Dites-nous ce que vous voulez faire.**

  La liste qui s'affiche propose les recherches récentes, des suggestions et des contacts :

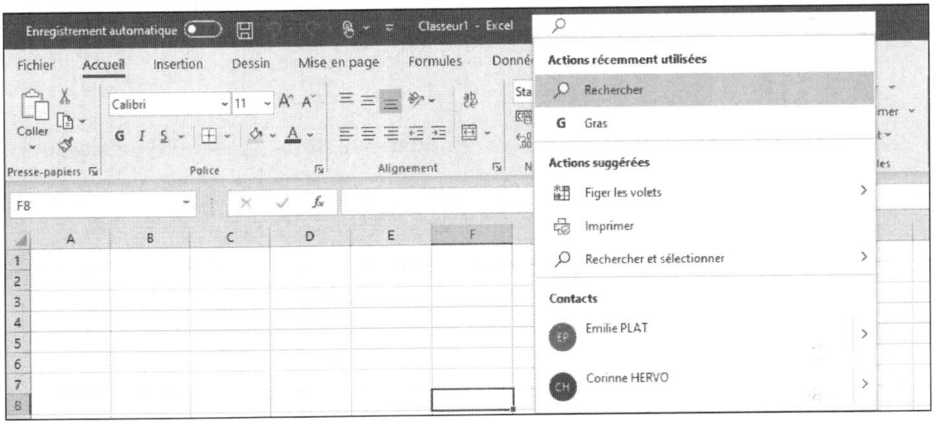

- Saisissez-le(s) mot(s)-clé(s) en fonction de l'information recherchée.

*Des commandes associées au(x) mot(s)-clé(s) saisi(s) sont proposées dans la liste ; la dernière option **Obtenir de l'aide sur** permet d'accéder à l'aide classique d'Excel :*

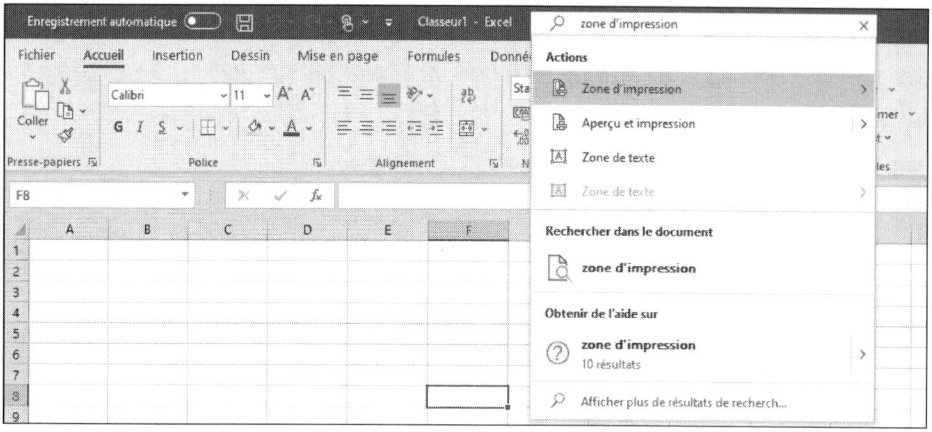

- Parmi les suggestions proposées, sélectionnez la commande que vous souhaitez exécuter.

  Pour simplement consulter l'aide associée au(x) mot(s)-clé(s) saisi(s), choisissez l'option **Obtenir de l'aide sur.**

  Pour rechercher l'information sur Internet (à l'aide du moteur Bing), choisissez l'option **Afficher plus de résultats de recherche correspondant....**

*Si vous avez choisi cette dernière option, le volet **Recherche**, qui s'affiche à droite de l'écran, vous fournit les informations demandées ; le lien **Plus** permet de filtrer les résultats par catégories (Web, Fichiers...) :*

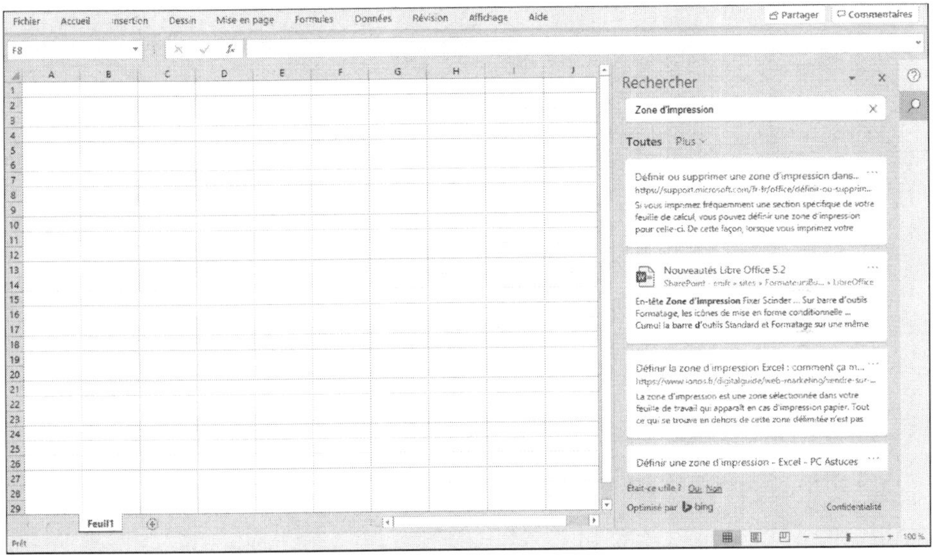

*Si l'information recherchée se trouve dans une cellule, vous pouvez, après avoir sélectionné le texte ou la cellule, cliquer avec le bouton droit de la souris sur la sélection et choisir l'option **Recherche intelligente** pour afficher le résultat de la recherche dans le volet.*

Onglet Aide

*L'onglet **Aide** propose quatre boutons :*

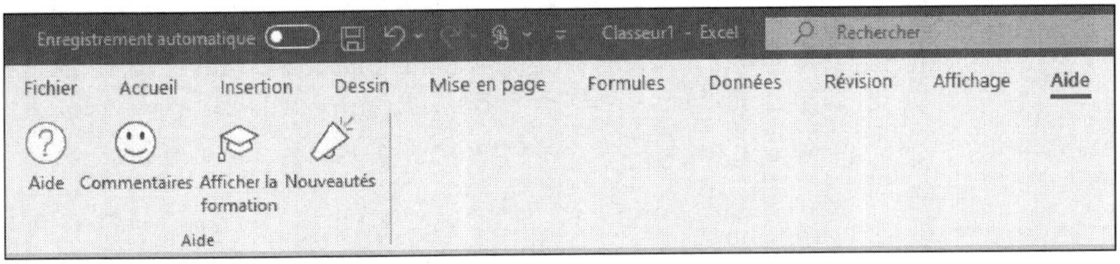

Le bouton **Aide** (ou F1) donne accès aux rubriques d'aide de l'application via le volet **Aide** qui s'ouvre à droite de la fenêtre.

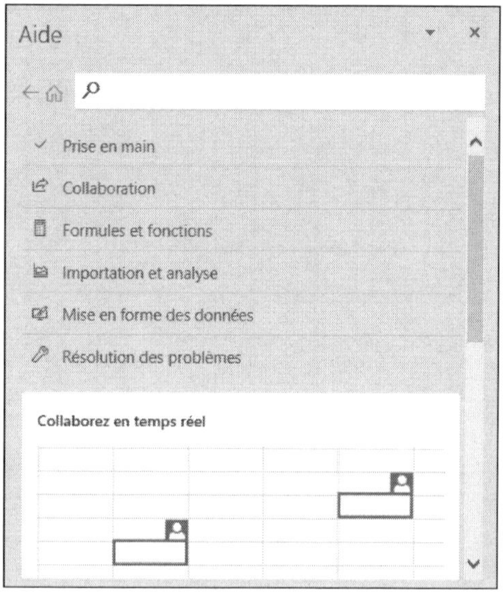

Dans le volet, plusieurs sujets d'aide sont proposés : **Prise en main**, **Collaboration**, **Formules et fonctions**, **Importation et analyse...**

- Pour consulter les rubriques d'aide associées à un sujet, cliquez sur son intitulé puis sur la rubrique souhaitée.
- Pour effectuer une recherche, saisissez, dans la zone **Rechercher** (en haut du volet **Aide**) un mot ou expression pour indiquer l'aide recherchée et cliquez sur l'outil ou appuyez sur Entrée.

  Cliquez ensuite sur une des rubriques trouvées pour consulter l'aide correspondante.

Le bouton **Commentaires**  ouvre le volet **Commentaires**, à droite de la fenêtre, vous permettant d'envoyer à Microsoft des informations relatives à votre utilisation du logiciel afin de contribuer à son amélioration.

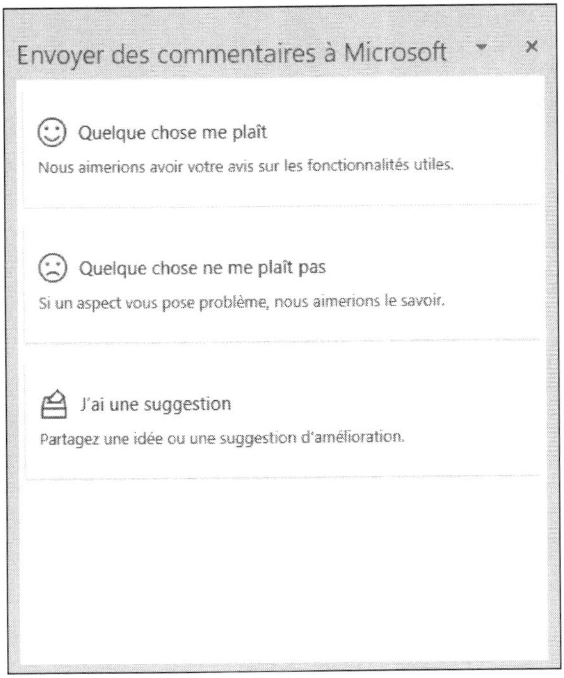

Cliquez sur le type d'informations que vous souhaitez communiquer : **Quelque chose me plaît, Quelque chose ne me plaît pas** ou **J'ai une suggestion.**

Le bouton **Afficher la formation** donne accès à des vidéos de formation ou procédures relatives à l'utilisation du logiciel. Le volet **Aide** qui s'affiche propose plusieurs thèmes de formation :

- Cliquez sur un des thèmes proposés puis sur l'intitulé de la formation à consulter.
- S'il s'agit d'une vidéo de formation, cliquez ensuite sur le cadre de la vidéo pour la visionner.

Changer le mode d'affichage

Excel Microsoft 365 propose différents modes d'affichage.

Le mode Normal

Le mode Normal est le mode d'affichage activé et utilisé par défaut.

Dans l'onglet **Affichage**, cliquez sur le bouton **Normal** du groupe **Modes d'affichage** ou cliquez sur l'outil  visible à droite de la barre d'état.

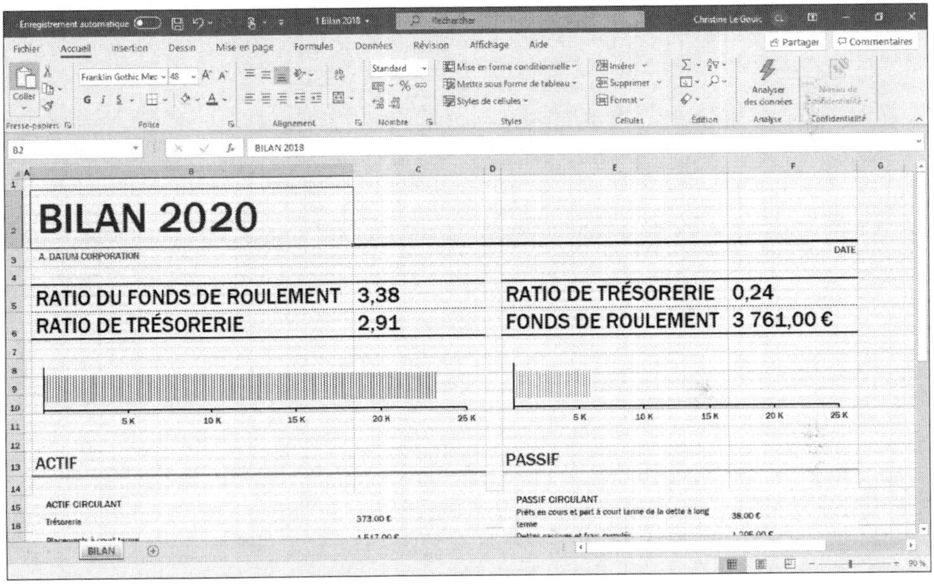

Le mode Mise en page

- Dans l’onglet **Affichage**, cliquez sur le bouton **Mise en page** du groupe **Modes d’affichage** ou cliquez sur l’outil  visible à droite de la barre d’état.

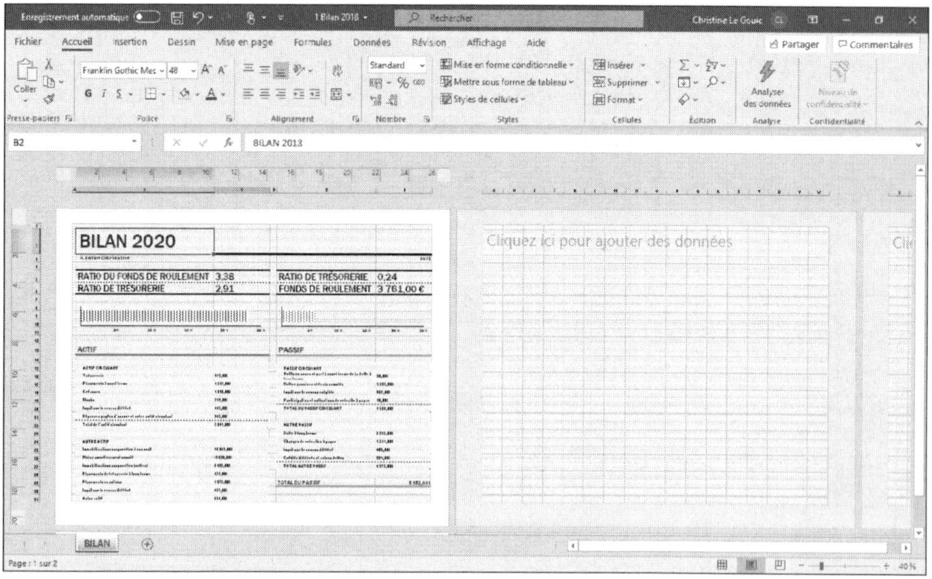

En mode Mise en page, Excel affiche la disposition générale de la feuille de calcul telle qu’elle sera imprimée sur une feuille de papier ; une règle horizontale et une règle verticale apparaissent qui permettent de positionner correctement les objets et d’afficher ou de modifier directement les marges de page dans la feuille de calcul. Vous pouvez aussi créer ou modifier l’en-tête et le pied de page.

Le mode Avec sauts de page

Ce mode d’affichage permet de visualiser les sauts de page existants et de les déplacer.

- Dans l’onglet **Affichage**, cliquez sur le bouton **Avec sauts de page** du groupe **Modes d’affichage** ou cliquez sur l’outil  visible à droite de la barre d’état.

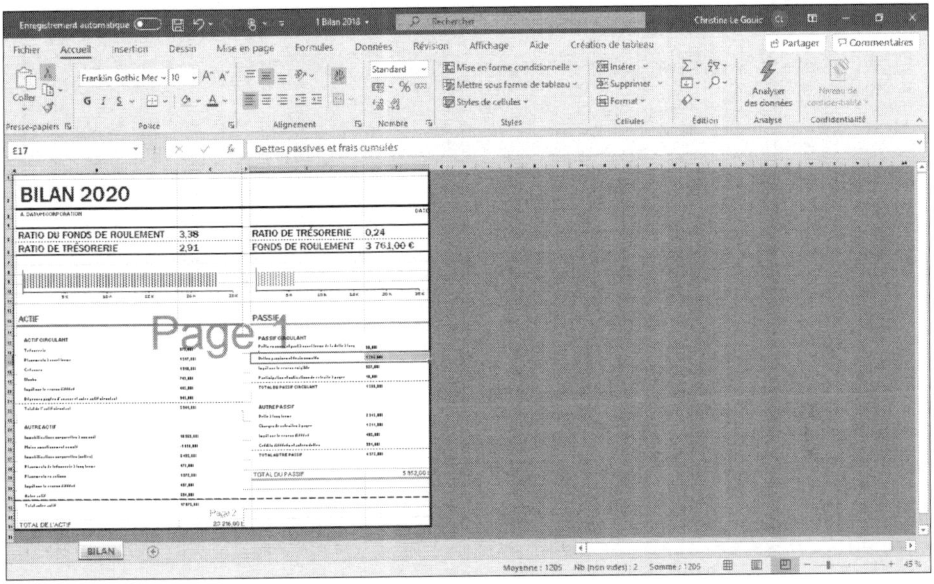

Les sauts de page sont matérialisés par des traits bleus, continus pour les sauts de page manuels et en pointillés pour les sauts de page automatiques. Vous pouvez travailler normalement dans la feuille de calcul (saisir, modifier des données...).

- Pour déplacer un saut de page, pointez le trait bleu puis faites-le glisser à sa nouvelle position.

Activer/désactiver le mode Tactile ou Souris

- Si besoin, affichez l'outil **Mode tactile/souris** dans la barre d'outils Accès rapide en choisissant l'option correspondante dans la liste de l'outil **Personnaliser la barre d'outils Accès rapide**.
- Cliquez sur l'outil **Mode tactile/souris** puis activez l'option :
  - **Souris** pour afficher le ruban et ses commandes normalement.
  - **Tactile** pour agrandir légèrement les icônes des commandes et les espaces afin de faciliter leur accès sur les écrans tactiles.

Mode Souris

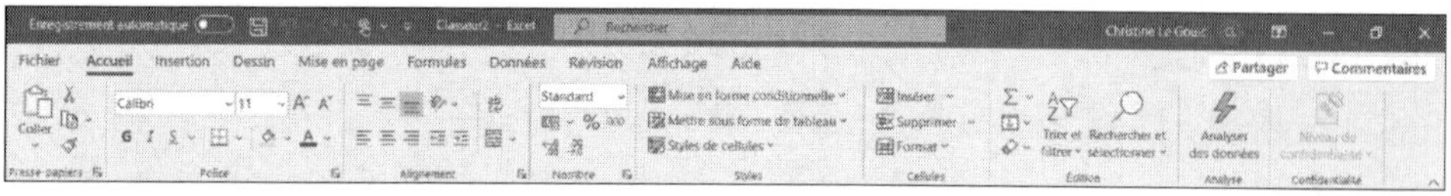

Mode Tactile

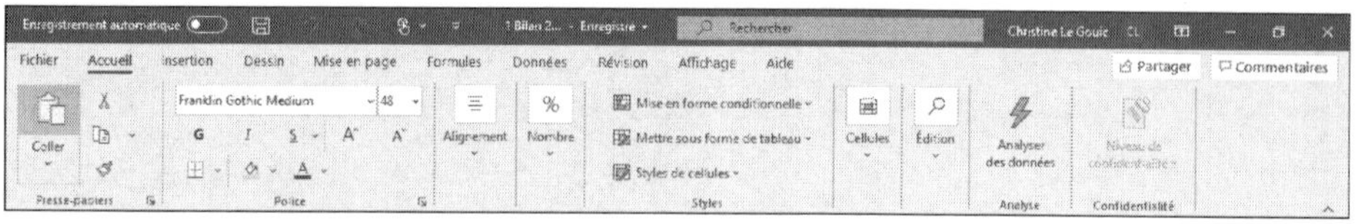

Modifier l'affichage de la barre de formule

Nous vous rappelons que la barre de formule contient deux zones qui peuvent être dimensionnées.

- Pour élargir ou diminuer la zone Nom par rapport à la zone de formule, pointez le symbole ⋮ visible entre les deux éléments (le pointeur de la souris prend la forme suivante ⇔) et réalisez un cliqué-glissé vers la gauche ou vers la droite.
- Pour agrandir ou diminuer la zone de formule, pointez le bas de la zone (le pointeur de la souris prend la forme suivante ⇕) et réalisez un cliqué-glissé vers le bas ou vers le haut.

  Lorsque la zone de formule comporte une barre de défilement, cela signifie que tout son contenu n'est pas visible.
- Pour développer la zone de formule d'une ligne ou pour la diminuer à une seule ligne, cliquez sur l'outil ˄ ou ˅ situé à l'extrémité droite de la barre de formule ou utilisez le raccourci-clavier Ctrl ⇧ **U**.
- Pour masquer la barre de formule, activez l'onglet **Affichage** et décochez l'option **Barre de formule** du groupe **Afficher**.

Afficher/masquer quadrillage, en-têtes de lignes et de colonnes

- Activez l'onglet **Affichage**.
- Pour masquer le quadrillage, décochez l'option **Quadrillage** du groupe **Afficher** ; pour réafficher le quadrillage, cochez de nouveau l'option.
- Pour masquer les lettres représentatives des colonnes et les numéros représentatifs des lignes, désactivez l'option **En-têtes** du groupe **Afficher** ; pour réafficher ces éléments, activez de nouveau cette option.

Modifier le zoom d'affichage

- Pour modifier rapidement la valeur du zoom, faites glisser le curseur de **Zoom** situé sur la barre d'état ou cliquez autant de fois que nécessaire sur l'outil **Zoom arrière** [-] ou sur l'outil **Zoom avant** [+].

  Vous pouvez aussi maintenir la touche Ctrl *enfoncée tout en actionnant la roulette de la souris vers l'avant ou vers l'arrière.*
- Sur un dispositif tactile, pour effectuer un zoom avant, écartez deux doigts ; pour effectuer un zoom arrière, rapprochez deux doigts.

  Le pourcentage de zoom de la feuille de calcul s'affiche dans la barre d'état.

- Pour ajuster le zoom à une sélection de cellules, sélectionnez les cellules et cliquez sur le bouton **Zoom sur la sélection** du groupe **Zoom** de l'onglet **Affichage**.
- Pour spécifier une valeur précise du zoom, activez l'onglet **Affichage** puis cliquez sur le bouton **Zoom** visible dans le groupe du même nom ou cliquez, dans la barre d'état, sur le bouton **Facteur de zoom** qui affiche le pourcentage du zoom actif.

*La boîte de dialogue **Zoom** s'affiche à l'écran.*

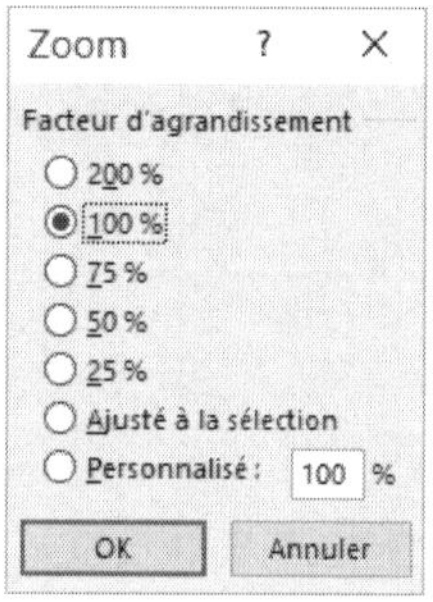

- Cliquez sur l'option correspondant au pourcentage désiré ou saisissez une valeur de zoom dans la zone de saisie **Personnalisé**.

  *L'option **Ajusté à la sélection** permet, comme son nom l'indique, d'ajuster le zoom d'affichage aux cellules sélectionnées au préalable.*

- Cliquez sur le bouton **OK**.

Activer une ou plusieurs fenêtres

Lorsque plusieurs classeurs sont ouverts ou lorsque vous avez créé plusieurs fenêtres à partir d'un classeur, il est indispensable de savoir activer l'une ou l'autre des fenêtres afin d'y accéder. Vous pouvez ainsi afficher et travailler dans plusieurs classeurs en même temps.

- Si un classeur a été ouvert mais qu'il n'est pas visible à l'écran, vous pouvez l'afficher en cliquant sur le bouton **Changer de fenêtre** de l'onglet **Affichage**.

  La liste des fenêtres ouvertes apparaît ; celle active est précédée d'une coche.

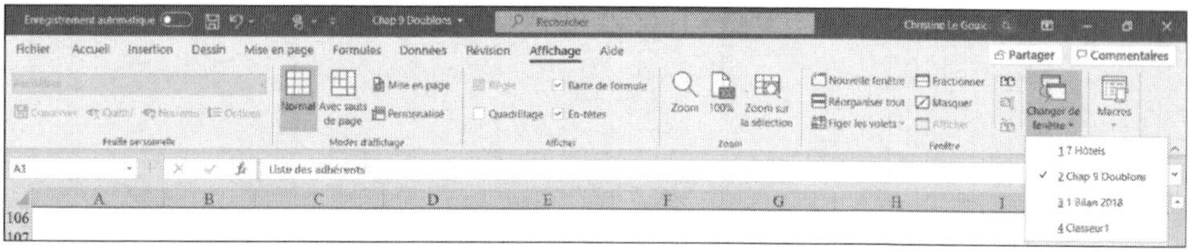

- Dans ce cas, cliquez sur le nom du classeur (ou de la fenêtre) à afficher.

- Pour afficher plusieurs classeurs sur l'écran, faites glisser la barre de titre du classeur sur la droite ou la gauche de l'écran afin de l'ancrer.

  Renouvelez ce déplacement avec le ou les autres classeurs.

  Dans cet exemple nous pouvons ainsi travailler sur deux classeurs distincts simultanément :

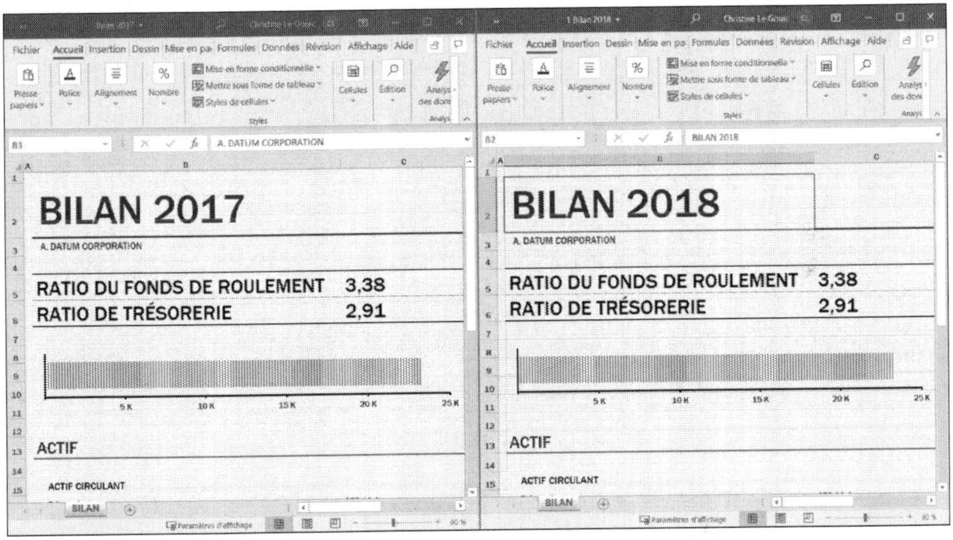

Si toutes les fenêtres sont affichées à l'écran, cliquez tout simplement dans la fenêtre à activer ; vous pouvez aussi pointer l'icône Excel dans la barre des tâches puis cliquer sur la miniature correspondant au classeur à activer.

Figer/libérer des lignes et/ou des colonnes

Cette manipulation permet de fixer des lignes et/ou des colonnes à l'écran de manière à afficher côte à côte des données distantes les unes des autres lorsque vous ferez défiler la feuille de calcul.

- Activez l'onglet **Affichage**.
- Pour verrouiller une ligne, faites défiler, si besoin, le contenu de la fenêtre de manière à afficher la ligne concernée en tant que première ligne de la fenêtre ; cliquez sur le bouton **Figer les volets** du groupe **Fenêtre** et activez l'option **Figer la ligne supérieure**.

- Pour verrouiller une colonne, affichez-la, si besoin, en tant que première colonne de la fenêtre ; cliquez sur le bouton **Figer les volets** du groupe **Fenêtre** et activez l'option **Figer la première colonne.**
- Pour verrouiller les premières lignes et colonnes de la fenêtre, cliquez dans la cellule située à droite des colonnes et en dessous des lignes à verrouiller ; cliquez ensuite sur le bouton **Figer les volets** du groupe **Fenêtre** et activez l'option **Figer les volets.**

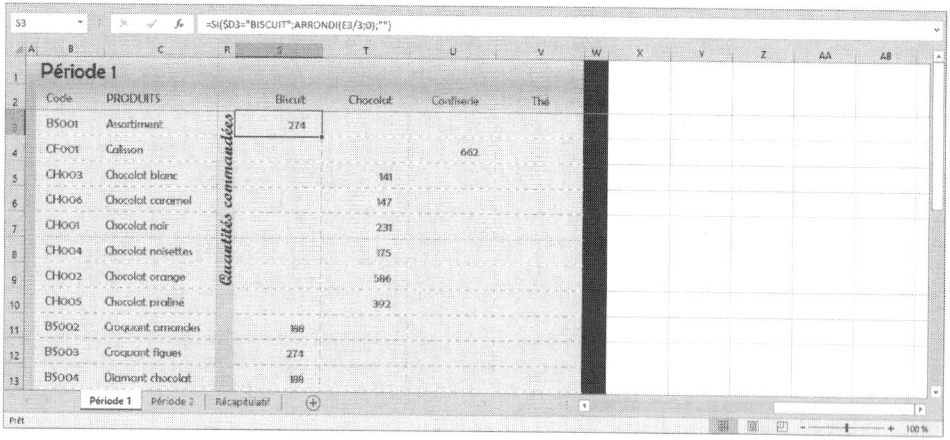

Figer les colonnes A, B et C permet d'afficher côte à côte les colonnes C et R.

- Pour libérer les lignes et/ou les colonnes verrouillées, cliquez sur le bouton **Figer les volets** du groupe **Fenêtre** et activez l'option **Libérer les volets.**

Créer un nouveau classeur vide

Les fichiers créés dans Excel Microsoft 365 sont appelés des classeurs.

- Cliquez sur l'onglet **Fichier** puis sur l'option **Nouveau.**
- Cliquez sur la vignette **Nouveau classeur.**

*Une nouvelle fenêtre vierge intitulée **Classeur** suivi d'un numéro apparaît.*

Pour créer un nouveau classeur, vous pouvez aussi cliquer sur la vignette **Nouveau classeur** de la page d'accueil Excel, ou bien tout simplement utiliser le raccourci-clavier Ctrl **N.**

Créer un classeur basé sur un modèle

Il s'agit de créer un nouveau classeur à partir d'un autre modèle que celui utilisé pour créer un classeur vide : soit à partir d'un des modèles prédéfinis par Excel, soit à partir d'un modèle créé par vos soins.

Créer un classeur basé sur un des modèles proposés

Dans la partie droite de sa page d'accueil, ou à l'aide de l'onglet **Fichier** - option **Nouveau,** Excel propose quelques modèles prédéfinis, présentés sous forme de vignette.

*Dans cet exemple, il s'agit de l'option **Nouveau** de l'onglet **Fichier** :*

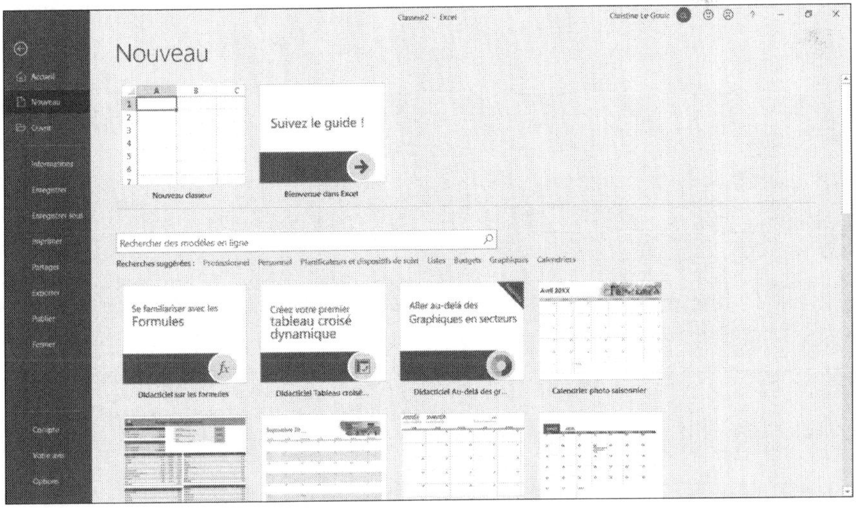

*Si vous avez créé au moins un modèle personnalisé, les modèles sont alors répartis en deux grandes catégories : **Office** et **Personnel**. Dans le cas contraire, seuls les modèles prédéfinis par Excel vous sont proposés.*

Notez que le nom du modèle proposé apparaît sous sa vignette vous donnant ainsi une idée du thème traité par ce modèle.

- Activez si nécessaire le lien **Office** pour lister les modèles prédéfinis par Excel.
- Utilisez la barre de défilement vertical pour afficher les autres modèles.
- Pour créer un nouveau classeur à partir d'un modèle prédéfini, cliquez sur la vignette du modèle à utiliser.

Le descriptif ainsi que le visuel du modèle choisi sont présentés dans une fenêtre d'aperçu :

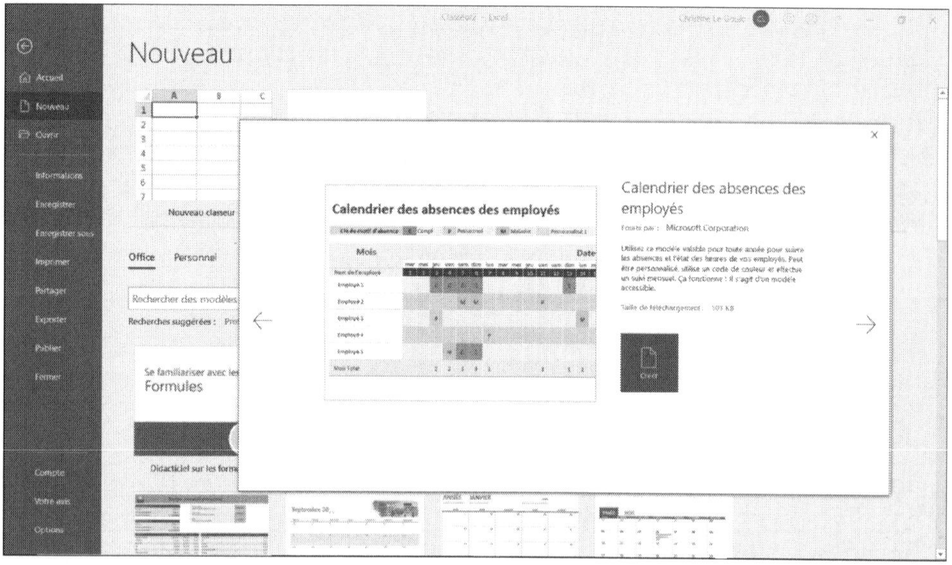

- Pour afficher le descriptif du modèle précédent ou suivant, cliquez sur la flèche de gauche ou de droite selon le cas.
- Pour refermer la fenêtre d'aperçu sans créer de nouveau classeur, cliquez sur son outil de fermeture X situé en haut à droite.

- Pour créer un nouveau classeur à partir du modèle sélectionné, cliquez sur le bouton **Créer** de sa fenêtre d'aperçu.

  Si le modèle n'a pas encore été installé dans votre compte utilisateur, Excel le télécharge automatiquement à partir du site Microsoft.

  Une nouvelle fenêtre contenant les données du modèle choisi s'affiche.

  Notez que le nom du nouveau classeur ainsi créé est identique à celui du modèle mais il est suivi d'un nombre, exemple : ***Diagrammes de flux1****.*

- Réalisez vos modifications et enregistrez le classeur en tant que nouveau classeur.

Pour attacher (fixer) un modèle dans la page d'accueil ou la page **Nouveau** afin de le rendre facilement accessible, pointez sa vignette puis cliquez sur l'icône . Pour détacher le modèle de la liste, pointez sa vignette puis cliquez sur l'icône . Vous pouvez aussi utiliser les options **Épingler à la liste** ou **Détacher de la liste** selon le cas du menu contextuel de la vignette (clic droit).

Créer un classeur basé sur un modèle personnalisé

- À partir de la page d'accueil Excel ou de la fenêtre **Nouveau** (onglet **Fichier** - option **Nouveau**), activez le lien **Personnel** (celui-ci apparaît uniquement si vous avez créé un modèle personnalisé au préalable).

  Les modèles personnalisés sont généralement stockés dans un dossier réservé aux modèles : C:\Users\ nom_utilisateur\Documents\Modèles Office personnalisés.

  *L'**Emplacement des modèles personnels par défaut** est enregistré (et modifiable) dans les **Options Excel** (onglet **Fichier** - **Options** - catégorie **Enregistrement** - zone **Enregistrer les classeurs**).*

- Cliquez sur la vignette du modèle souhaité.

  Une nouvelle fenêtre contenant les données du modèle choisi s'affiche. Cette fenêtre est intitulée comme le modèle, suivi d'un numéro.

- Réalisez vos modifications et enregistrez le classeur en tant que nouveau classeur.

Rechercher un modèle en ligne

- À partir de la page d'accueil Excel ou de la fenêtre **Nouveau** (onglet **Fichier** - option **Nouveau**), cliquez dans la zone de saisie **Rechercher des modèles en ligne.**

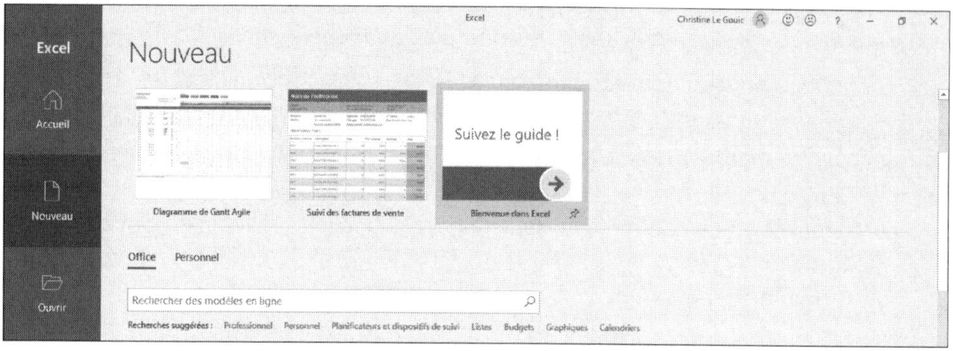

- Saisissez un ou plusieurs mots-clés puis lancez la recherche à l'aide de l'icône 🔍 ou en appuyant sur la touche ⏎.

Excel vous suggère quelques solutions sous forme de vignettes en fonction des mots-clés saisis :

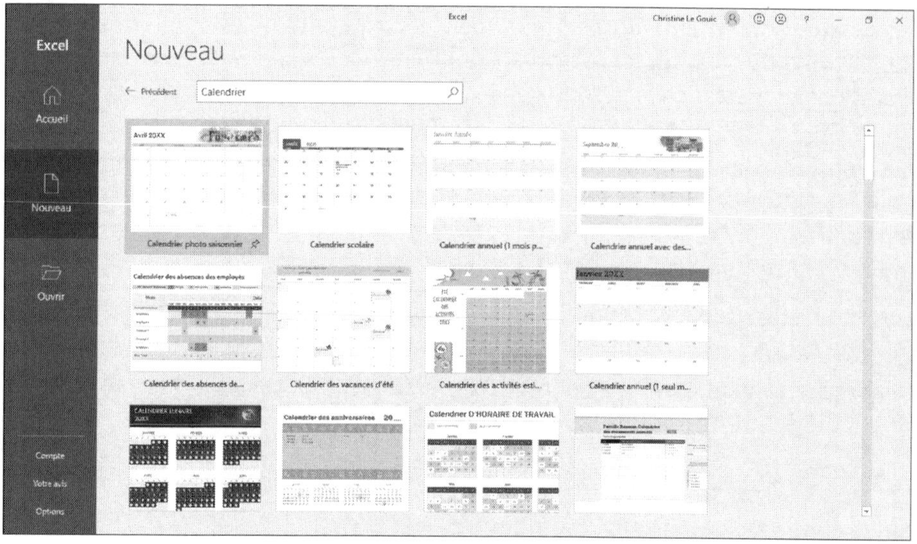

*Le bouton **Précédent** permet de revenir à l'affichage de tous les modèles.*

- Cliquez sur la vignette du modèle à utiliser puis sur le bouton **Créer** de sa fenêtre d'aperçu.

  Après téléchargement, une nouvelle fenêtre contenant les données du modèle choisi apparaît. Là encore, la fenêtre porte le même nom que le modèle, suivi d'un numéro.

- Réalisez vos modifications et enregistrez le classeur en tant que nouveau classeur.

Vous pouvez aussi utiliser les liens de **Recherches suggérées** en cliquant sur le thème de votre choix (sous la zone **Rechercher des modèles en ligne** de la page Nouveau d'Excel) : **Professionnel**, **Personnel**, **Listes**, **Planificateurs et dispositifs de suivi**, **Listes**, **Budgets**...

Ouvrir un classeur

- Cliquez sur l'onglet **Fichier** puis sur l'option **Ouvrir** (ou Ctrl **O**).

  *Par défaut, le mode Backstage est activé pour l'ouverture (et l'enregistrement) des classeurs, vous ne visualisez donc pas directement la boîte de dialogue **Ouvrir**, mais l'écran suivant.*

  *Notez que pour afficher occasionnellement la boîte de dialogue **Ouvrir** à la place de cet écran, vous pouvez utiliser le raccourci Ctrl F12 au lieu de Ctrl **O**.*

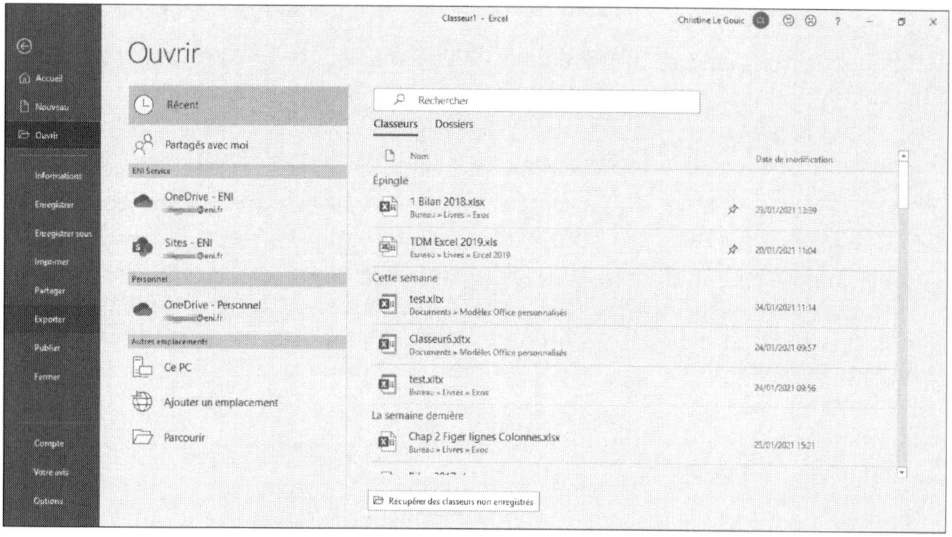

*En mode Backstage, Excel vous propose d'accéder rapidement à vos fichiers récemment utilisés (option **Récent**), ainsi qu'à tous les emplacements à partir desquels votre compte utilisateur peut ouvrir des fichiers (dans notre exemple : **OneDrive - Personnel** pour les enregistrements en ligne et **Ce PC** pour les données enregistrées sur le disque dur).*

*Le bouton **Récupérer des classeurs non enregistrés** situé sous la liste des classeurs récemment utilisés permet d'afficher le contenu du dossier C:\Utilisateurs\Nom_utilisateur\AppData\Local\Microsoft\Office\UnsavedFiles dans lequel Excel effectue les sauvegardes automatiques (généralement toutes les 10 minutes).*

- Pour ouvrir un des classeurs récemment utilisé, activez (si ce n'est déjà fait) l'option **Récent** puis cliquez dans la liste de droite sur le classeur souhaité.
- Pour ouvrir un classeur enregistré sur son ordinateur, choisissez **Ce PC**.

  Pour ouvrir un classeur enregistré sur OneDrive, choisissez l'espace OneDrive correspondant : **OneDrive - nom de l'entreprise** ou **OneDrive - Personnel**.

  Pour ouvrir un classeur enregistré dans un site d'équipe SharePoint ou une équipe Teams, sélectionnez **Sites - nom de l'entreprise**.

*Si vous avez choisi l'option **Ce PC**, le volet droit affiche les fichiers et les sous-dossiers de votre dossier **Documents** ; si vous avez choisi l'option **OneDrive**, le volet droit affiche les fichiers et les sous-dossiers de votre espace de stockage **OneDrive** :*

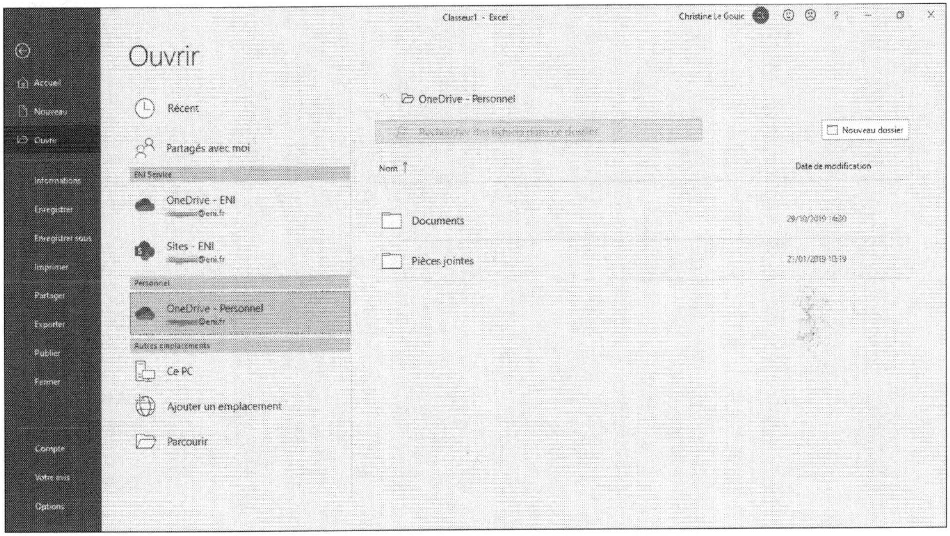

Pour rechercher le fichier à ouvrir, cliquez sur le dossier d'enregistrement de ce fichier s'il est proposé dans le volet droit puis cliquez sur le classeur à ouvrir.

L'outil [↑], visible en regard du dossier ouvert (en haut du volet droit) permet d'accéder au dossier parent.

Si le dossier d'enregistrement du classeur à ouvrir n'est pas situé dans l'arborescence des dossiers proposés, cliquez sur l'option **Parcourir** du volet central.

*Pour accéder à la boîte de dialogue **Ouvrir**, vous pouvez également cliquer sur le nom du ou des dossiers ouverts en haut de la liste du volet droit.*

*Dans la boîte de dialogue **Ouvrir**, la barre d'adresse contient les boutons de navigation, suivis de l'emplacement d'enregistrement du fichier affiché sous forme de liens, puis intègre une zone de recherche (**Rechercher dans...**).*

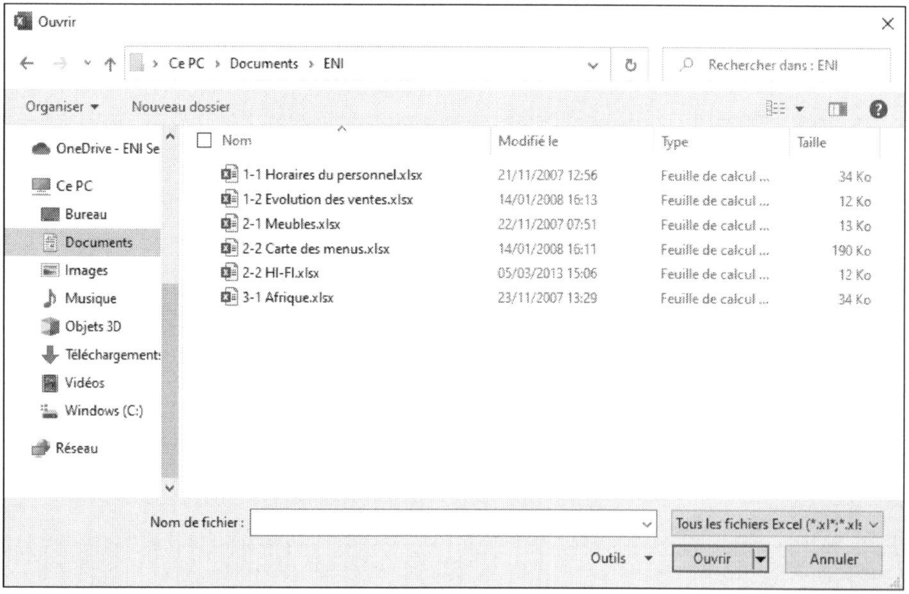

Si la largeur de la fenêtre n'est pas suffisante pour afficher le chemin complet de l'emplacement, le ou les premiers éléments sont remplacés par des chevrons :

Vous pouvez alors afficher l'intégralité du chemin de remplacement en agrandissant la fenêtre en faisant glisser un des bords.

Dans le volet de navigation, à gauche de la fenêtre, apparaissent les données propres à votre ordinateur : la liste ***Accès rapide****, les emplacements* ***OneDrive****,* ***Ce PC*** *et* ***Réseau****.*

⇥ Dans le volet de navigation, cliquez sur le dossier d'enregistrement contenant le fichier à ouvrir.

Son contenu s'affiche dans le volet d'affichage, à droite de la fenêtre.

- Pour modifier l'affichage de la liste des documents, ouvrez la liste de l'outil **Changer l'affichage** et choisissez l'option souhaitée en cliquant sur son nom ou en faisant glisser le curseur vertical :

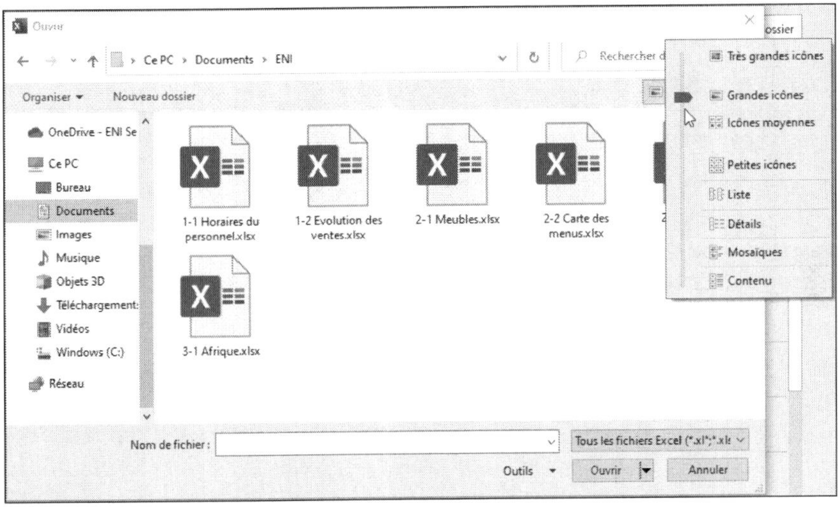

- Pour ouvrir un classeur, faites un double clic sur son nom ; pour ouvrir plusieurs classeurs simultanément, cliquez sur le premier classeur à ouvrir puis :
  - Si les classeurs sont contigus, appuyez sur la touche ⇧ tout en cliquant sur le dernier classeur à ouvrir.
  - Si les classeurs ne sont pas contigus, appuyez sur la touche Ctrl tout en cliquant sur chaque classeur à ouvrir.
- Cliquez ensuite sur le bouton **Ouvrir**.

Pour conserver un classeur dans la liste **Récent**, pointez son nom puis cliquez sur le symbole **Ajouter cet élément à la liste** visible à droite du nom du classeur concerné. Le symbole se transforme alors en **Retirer cet élément de la liste**.
Pour modifier le nombre de documents visibles (50 par défaut) dans la liste **Récent**, ouvrez la boîte de dialogue **Options Excel** (onglet **Fichier** - **Options**) puis cliquez sur la catégorie **Options avancées** ; spécifiez la valeur souhaitée dans la zone associée à l'option **Afficher ce nombre de classeurs récents** de la zone **Affichage**.

Vous pouvez aussi ouvrir un classeur dans l'application de bureau à partir de votre espace OneDrive personnel ou professionnel, à l'aide de l'option **Ouvrir dans l'application** accessible par le bouton **Afficher les actions** puis **Ouvrir**.

Enregistrer un classeur

Enregistrer un nouveau classeur

Un classeur qui n'a jamais été enregistré n'a pas de nom personnalisé (ex : Classeur2, Classeur3...) ou alors un nom provisoire (ex : Mon modèle1, Mon modèle2...). Si vous éteignez votre ordinateur alors qu'un fichier n'a pas été enregistré, vous perdez toutes les modifications que vous y avez apportées.

- Cliquez sur l'outil **Enregistrer** de la barre d'outils **Accès rapide** (ou Ctrl **S**).

*La fenêtre **Enregistrer le fichier** s'affiche :*

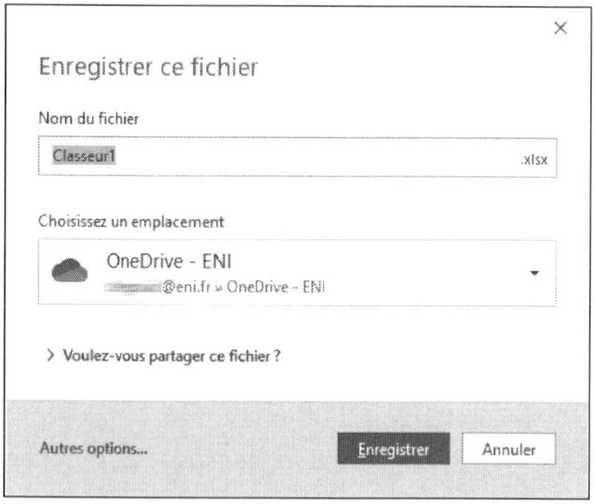

*Le lien **Autres options** permet d'accéder à l'option **Enregistrer sous** de l'onglet **Fichier**.*

- Renseignez le **Nom** du classeur dans la zone.

- Dans la liste **Choisissez un emplacement**, choisissez le dossier d'enregistrement du fichier s'il est proposé dans la liste puis cliquez sur le bouton **Enregistrer**.

  Si le dossier n'est pas proposé, cliquez sur **Autres emplacements.**

  *L'option **Enregistrer sous** de l'onglet **Fichier** s'affiche.*

  *Par défaut, l'option **Récent** sélectionné dans le volet central propose, dans le volet droit, les dossiers récemment utilisés :*

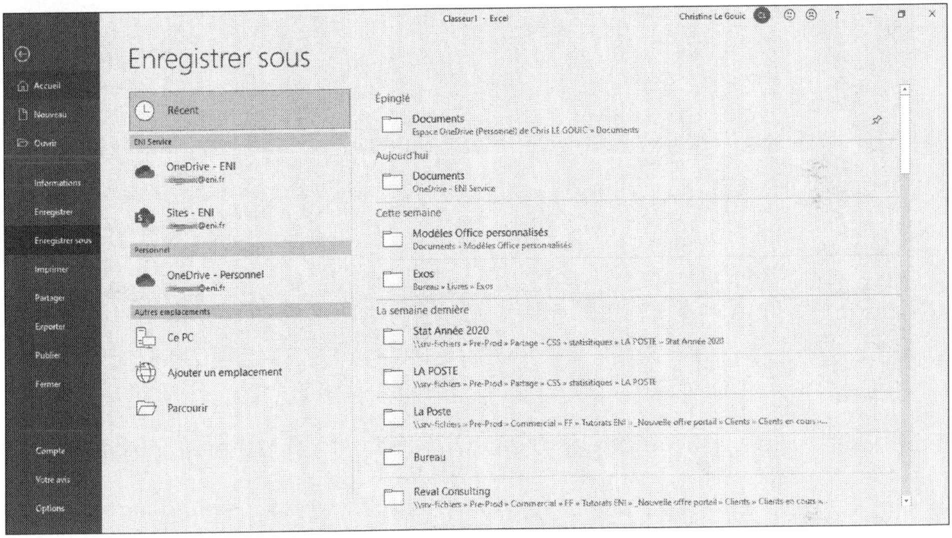

- Si le dossier d'enregistrement du fichier est visible dans le volet droit, cliquez sur son nom. Dans le cas contraire, pour enregistrer le nouveau classeur sur votre ordinateur, choisissez **Ce PC.**

  Pour l'enregistrer dans un espace OneDrive, choisissez **OneDrive - nom de l'entreprise** ou **OneDrive - Personnel.**

  Pour l'enregistrer dans un site SharePoint ou une équipe Teams, choisissez **Sites - nom de l'entreprise.**

*Si vous avez choisi l'emplacement **Ce PC**, le volet droit affiche par défaut le contenu du dossier **Documents** ; si vous avez choisi un emplacement **OneDrive**, c'est le contenu de l'espace de stockage qui est proposé dans le volet droit :*

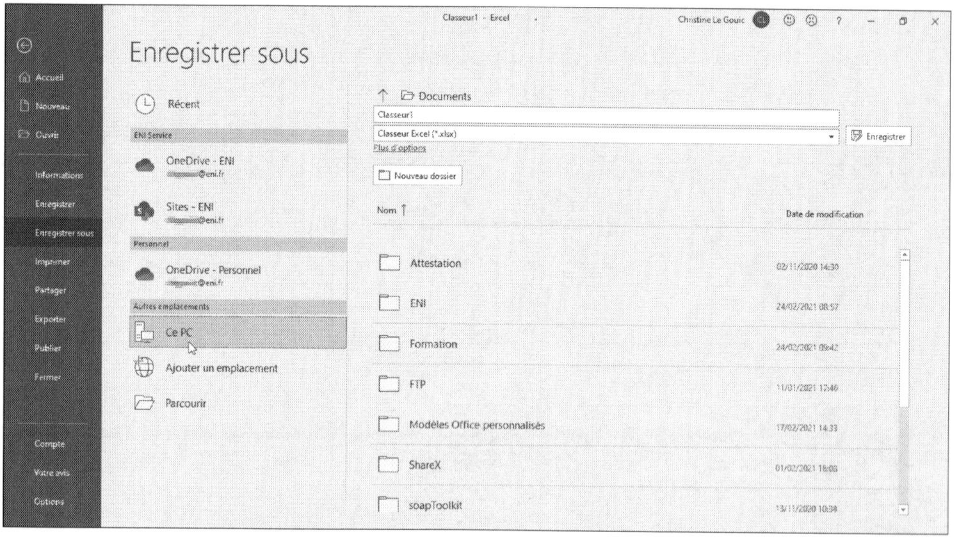

- Si besoin, cliquez sur le dossier d'enregistrement du fichier ou, pour enregistrer le classeur à un autre emplacement, cliquez sur l'outil, visible en haut du volet droit, pour accéder au dossier parent et naviguer dans les dossiers du poste de travail.
- Saisissez le nom du fichier dans la zone de saisie.

  *La liste suivante permet de choisir un autre format de fichier. Le lien **Plus d'options** ouvre la boîte de dialogue **Enregistrer sous**.*
- Cliquez sur le bouton **Enregistrer**.

Un classeur Excel porte l'extension **.xlsx** (pour l'afficher, cochez l'option **Extensions de noms de fichiers** dans l'onglet **Affichage** de l'Explorateur de fichiers de Windows).

Enregistrer un classeur existant

Si le classeur est enregistré sur votre ordinateur, vous devez enregistrer régulièrement les modifications apportées. S'il est stocké sur OneDrive ou SharePoint (Teams), l'enregistrement automatique est activé par défaut.

- Cliquez sur l'onglet **Fichier** puis sur l'option **Enregistrer** ou cliquez sur l'outil **Enregistrer** de la barre d'outils **Accès rapide** (ou Ctrl **S**).

Le classeur est alors enregistré sous le même nom et à son emplacement d'origine.

Excel mémorise la cellule active lors de l'enregistrement d'un classeur : lorsque vous ouvrirez de nouveau le classeur, cette cellule sera sélectionnée.

Nouveauté

Activer ou désactiver l'enregistrement automatique

Lorsque l'enregistrement automatique est actif, le classeur sur lequel vous êtes en train de travailler est enregistré à un intervalle de quelques secondes.

- Pour activer ou désactiver l'enregistrement automatique pour le classeur actif, cliquez sur le bouton **Enregistrement automatique** situé dans la barre d'outils Accès rapide.

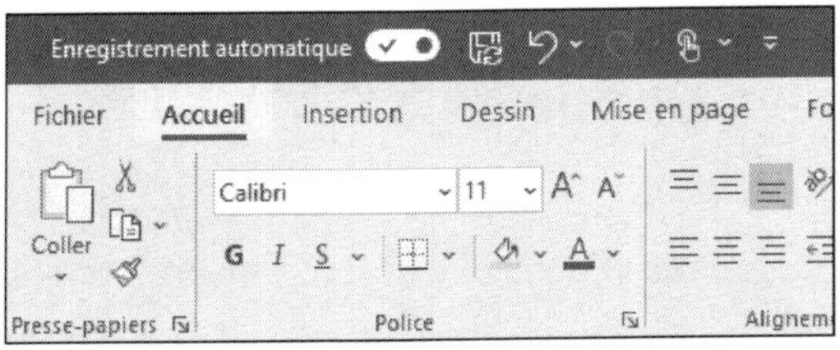

- Pour désactiver l'enregistrement automatique activé par défaut pour tous les classeurs, décochez l'option **Enregistrer automatiquement les fichiers OneDrive et SharePoint Online par défaut sur Excel** dans les Options d'Excel (onglet **Fichier - Options - catégorie Enregistrement** - zone **Enregistrer les classeurs**).

L'espace de stockage en ligne OneDrive

OneDrive est le service de stockage en ligne disponible avc un abonnement Microsoft 365. Vous pouvez disposer d'un espace OneDrive personnel et d'un espace OneDrive professionnel.

Les données (fichiers, photos, musique...) enregistrées dans cet espace de stockage sont accessibles depuis n'importe quel ordinateur ou tablette connecté à Internet : leur synchronisation est automatique. Vous pouvez ainsi accéder à vos fichiers à partir de votre ordinateur professionnel, personnel, à partir d'une tablette connectée en Wi-Fi à Internet et même à partir de votre smartphone.

Dans votre espace OneDrive, deux dossiers sont proposés par défaut : le dossier **Documents** (destiné à enregistrer vos fichiers personnels) et le dossier **Images** (pour stocker vos fichiers multimédias). Lorsqu'un classeur a été enregistré dans cet espace, il est possible de travailler à plusieurs en temps réel sur ce même classeur (cf. chapitre Partage).

Pour gérer vos fichiers enregistrés sur OneDrive, vous pouvez utiliser l'Explorateur de fichiers de Windows : l'emplacement OneDrive est proposé dans le volet de navigation (volet gauche) ; vous pouvez y accéder également à partir de l'adresse **OneDrive.com** ou à partir de la page d'accueil de Microsoft 365.

Vous pouvez également installer l'application mobile OneDrive sur votre tablette ou smartphone (iOS ou Android).

Exploiter les classeurs de version antérieure à Excel 2007

Travailler en mode de compatibilité dans Excel Microsoft 365

Dans Excel Microsoft 365, ouvrez le classeur créé dans une version antérieure à 2007.

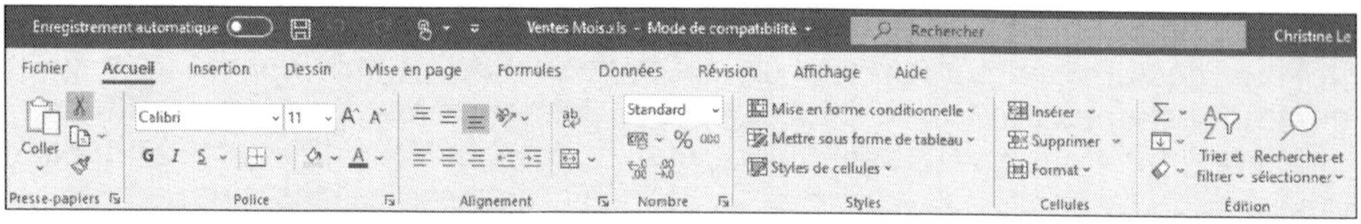

*Le classeur est automatiquement ouvert en **Mode de compatibilité** : ce terme est indiqué à côté du nom de fichier dans la barre de titre. Le format de fichier Excel 97-2003 (.xls) est utilisé.*

Les nouvelles fonctionnalités d'Excel Office 365 ou celles qui ont été améliorées ne sont pas disponibles (ceci afin d'empêcher la perte de données et de confidentialité lorsque le classeur est ouvert dans une version antérieure à 2007).

- Travaillez et enregistrez vos modifications comme vous le faites habituellement, en tenant compte des remarques précédentes.

Lorsque vous enregistrez les modifications, le format de fichier Excel 97-2003 (.xls) est conservé.

Convertir un classeur au format de fichier Excel Microsoft 365

Lorsque, pour un classeur donné, vous souhaitez travailler définitivement dans la nouvelle version d'Office et ainsi profiter des nouvelles fonctionnalités d'Excel Microsoft 365 et réduire sa taille, vous pouvez convertir le classeur concerné.

Si le fichier à convertir est enregistré sur votre disque dur, sa conversion supprimera et remplacera le fichier de l'ancienne version sans qu'il soit possible de le restaurer ultérieurement. Si vous souhaitez conserver le fichier de l'ancienne version, nous vous conseillons d'effectuer une copie de ce fichier à un autre emplacement avant de le convertir.

Si le fichier à convertir est situé dans votre espace OneDrive, lors de la conversion, vous pourrez choisir le dossier d'enregistrement du fichier. Cependant, si vous choisissez le même nom et le même emplacement, le fichier d'origine sera conservé.

- Ouvrez le classeur à convertir au format Excel Microsoft 365.
- Cliquez sur l'onglet **Fichier** puis sur l'option **Informations**.
- Cliquez sur le bouton **Convertir** situé en haut du volet central.

Si le fichier est enregistré sur votre disque dur, le message suivant apparaît :

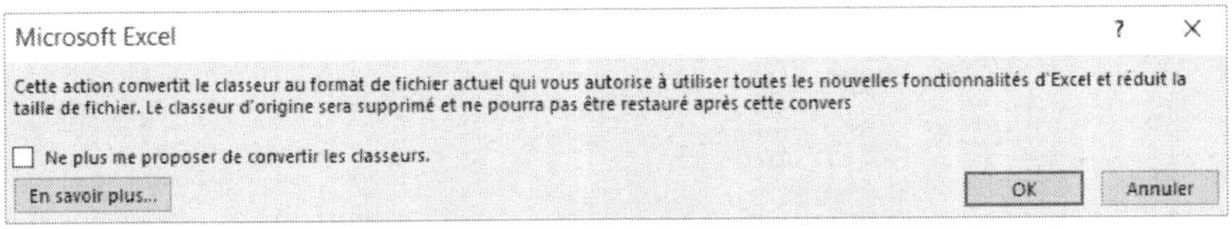

- Cliquez sur le bouton **OK**.

*Si le fichier est enregistré sur votre espace OneDrive, la boîte de dialogue **Enregistrer sous** s'ouvre.*

- Vérifiez que le **Type** sélectionné est bien **Classeur Excel** puis sélectionnez le dossier d'enregistrement et renseignez éventuellement le nouveau **Nom de fichier** (vous pouvez conserver le même nom puisque la nouvelle extension .xlsx le différenciera de l'autre fichier). Validez ensuite par le bouton **Enregistrer**.

  Une fois la conversion effectuée, le message suivant s'affiche :

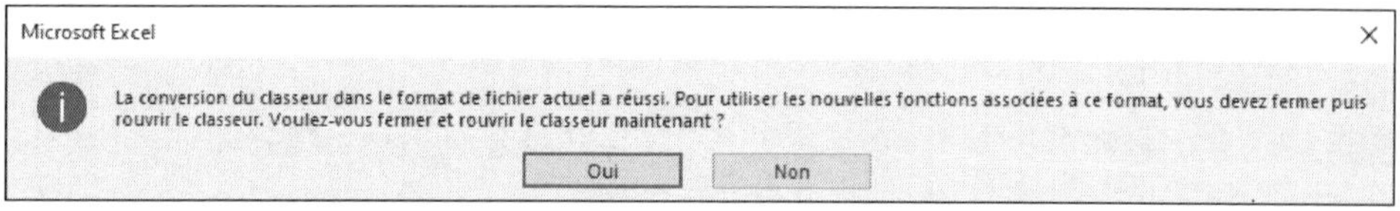

- Cliquez sur le bouton **Oui** pour fermer et rouvrir le classeur ou sur le bouton **Non** pour conserver le nouveau classeur ouvert en mode de compatibilité.

Si vous avez utilisé le même nom de fichier lors de la conversion (dans le cas d'un fichier enregistré sur OneDrive), deux classeurs portent alors le même nom mais l'un avec l'extension **.xls** et l'autre **.xlsx**. Si vous ne visualisez pas les extensions, vous pouvez différencier ces fichiers grâce à leurs icônes (pour **.xls**, et pour **.xlsx**), de même que le **Type** de fichier dans l'Explorateur est **Feuille de calcul Microsoft Excel** pour la version **.xlsx** et **Feuille de calcul Excel 97-2003** pour les versions **.xls**.

Fermer un classeur

- Cliquez sur l'onglet **Fichier** puis sur l'option **Fermer** ou utilisez le raccourci-clavier Ctrl F4.

  Si le classeur a été modifié depuis le dernier enregistrement, Excel propose de l'enregistrer avant de le fermer.

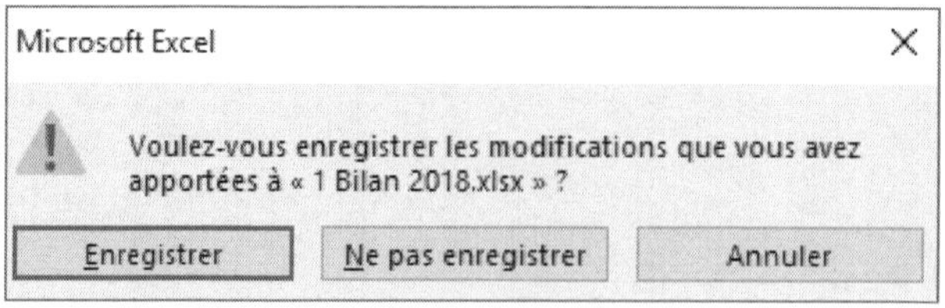

- Dans ce cas, cliquez sur un des boutons suivants :

Enregistrer	Pour enregistrer et fermer le classeur.
Ne pas enregistrer	Pour fermer le classeur sans enregistrer les modifications apportées à celui-ci.
Annuler	Pour annuler la fermeture du classeur.

Envoyer un classeur par e-mail

Microsoft Excel Microsoft 365 permet d'envoyer un classeur dans un e-mail via une messagerie électronique (Outlook, Courrier...).

- Ouvrez le classeur à envoyer.
- Cliquez sur l'onglet **Fichier** puis sur l'option **Partager**.

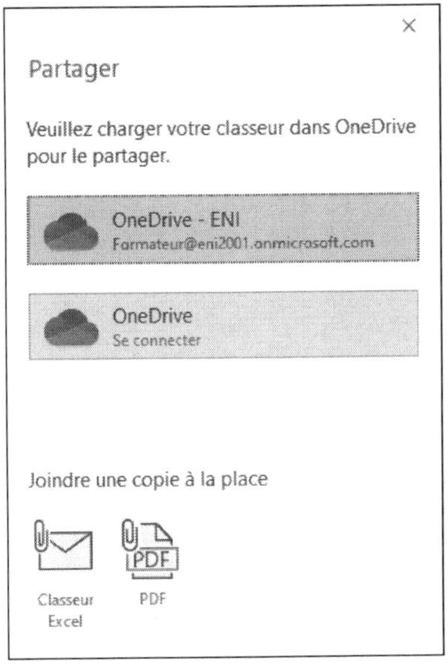

- Selon votre souhait, cliquez sur le bouton **Classeur Excel** ou **PDF** (dans ce cas, le classeur est converti au format PDF).

  La fenêtre de message de votre logiciel de messagerie s'affiche.

- Dans la zone **À**, saisissez l'adresse du ou des destinataires du message en séparant leur nom par un point-virgule ou cliquez sur le bouton **À** pour sélectionner les adresses à partir d'un carnet d'adresses.
- Dans la zone **Cc**, précisez, si besoin, l'adresse des destinataires du message à qui vous souhaitez envoyer une copie conforme.
- Dans la zone **Objet**, saisissez ou modifiez le sujet du message.
- Saisissez le message dans la zone de saisie réservée au corps du message.
- Cliquez sur le bouton **Envoyer**.

Pour ouvrir et modifier le classeur envoyé, le destinataire devra ouvrir le message puis faire un double clic sur le nom du classeur : si celui-ci a été inséré en tant que pièce jointe, l'ouverture du classeur lancera automatiquement l'application Excel.

Déplacements/sélections dans une feuille

Se déplacer dans une feuille de calcul

Plusieurs techniques sont à votre disposition en fonction de l'outil que vous souhaitez utiliser : la souris ou le clavier.

⇥ Utilisez les barres de défilement pour visualiser la cellule à activer :

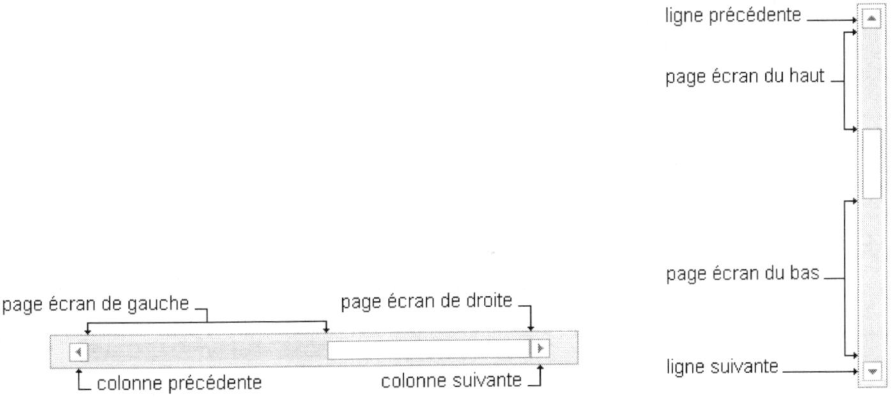

Vous pouvez aussi faire défiler le contenu de la feuille de calcul à l'aide de la molette de la souris, ou par un mouvement de gauche à droite ou de bas en haut si vous disposez d'un écran tactile.

⇥ Vous pouvez aussi utiliser le clavier de la manière suivante :

cellule de droite/de gauche	→ ou ⇥ / ← ou ⇧ ⇥
cellule du haut/du bas	↑ ou ⇧ ↵ / ↓ ou ↵
page écran de droite/de gauche	Alt ⇟ / Alt ⇞
page écran du haut/bas	⇞ / ⇟
colonne A de la ligne active	↖
cellule A1	Ctrl ↖
bord droit/gauche de la région de données	Ctrl ← / Ctrl →
bord supérieur/inférieur de la région de données	Ctrl ↑ / Ctrl ↓

La ***région de données*** *est une plage de cellules contenant des données et délimitée par des cellules vides ou des bordures de feuille de calcul.*

Atteindre une cellule précise

- Cliquez dans la zone Nom (zone située à gauche de la barre de formule et qui affiche la référence de la cellule active).

  La référence de la cellule active est alors sélectionnée.

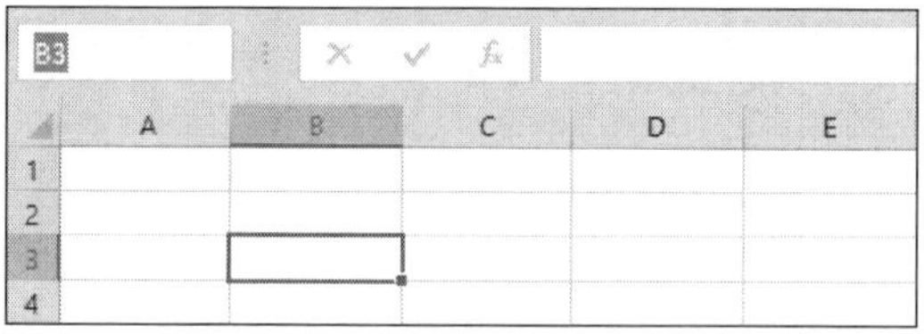

- Saisissez la référence de la cellule à atteindre et appuyez sur la touche ↵ pour valider.

> Vous pouvez aussi utiliser l'option **Atteindre** du bouton **Rechercher et sélectionner** du groupe **Édition** de l'onglet **Accueil** (ou [Ctrl] **T** ou [F5]), saisir la référence de la cellule à atteindre et valider.

Rechercher une cellule

Par son contenu

- Si la recherche doit porter sur toute la feuille ou tout le classeur, activez une cellule ; si la recherche concerne une partie de la feuille active, sélectionnez la plage de cellules concernée.
- Dans l'onglet **Accueil**, cliquez sur le bouton **Rechercher et sélectionner** du groupe **Édition** puis sur l'option **Rechercher** ou utilisez le raccourci-clavier [Ctrl] **F**.
- Entrez la donnée recherchée dans la zone de saisie **Rechercher**.
- Cliquez, éventuellement, sur le bouton **Options** pour déterminer comment la recherche doit être réalisée :

Dans	Choisissez, dans la liste, si la recherche doit s'effectuer dans la **Feuille** active ou dans toutes les feuilles du **Classeur**.
Recherche	Choisissez, dans la liste, le sens de la recherche : **Par ligne** ou **Par colonne**.

Regarder dans Choisissez, dans la liste, si la recherche doit s'effectuer sur le détail des **Formules**, sur les **Valeurs**, sur les **Notes** des cellules ou sur les commentaires échangés dans le volet **Commentaires**.

Respecter la casse Cochez cette option si vous souhaitez faire la distinction entre les caractères en majuscules et ceux en minuscules.

Totalité du contenu de la cellule Cochez cette option si vous souhaitez qu'Excel recherche les cellules qui contiennent exactement la donnée recherchée, sans rien d'autre.

- Pour effectuer une recherche cellule par cellule, cliquez sur le bouton **Suivant.** Cliquez ensuite sur le bouton **Fermer** si la cellule trouvée contient le texte recherché sinon cliquez sur **Suivant.**
- Pour rechercher toutes les cellules, cliquez sur le bouton **Rechercher tout.** Dans ce cas, la liste des cellules trouvées s'affiche dans la partie inférieure de la boîte de dialogue.

*Sur cet exemple, trois cellules contenant le mot **Prévisions** ont été trouvées :*

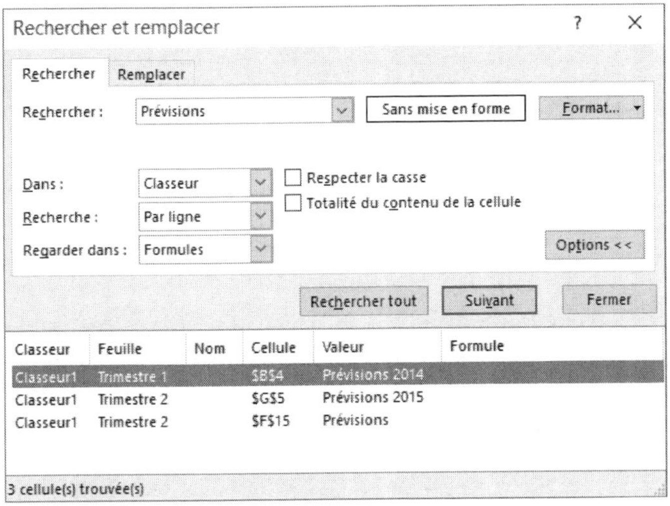

- Cliquez sur une des valeurs de la liste pour sélectionner la cellule correspondante puis cliquez sur le bouton **Fermer.**

Par sa mise en valeur

- Activez une seule cellule ou sélectionnez la plage de cellules concernée par la recherche.
- Dans l'onglet **Accueil**, cliquez sur le bouton **Rechercher et sélectionner** du groupe **Édition** puis sur l'option **Rechercher** ou utilisez le raccourci-clavier Ctrl **F**.
- Supprimez, à l'aide de la touche Suppr, l'éventuel contenu de la zone **Rechercher**.
- Cliquez sur le bouton **Options** pour afficher les options de recherche.
- Cliquez sur le bouton **Format** et sélectionnez dans la boîte de dialogue **Rechercher le format**, les options correspondant aux formats recherchés.

  *Le bouton **Choisir le format à partir de la cellule** permet de sélectionner une cellule afin de récupérer automatiquement tous les attributs de mise en forme de cette cellule.*
- Cliquez sur le bouton **OK**.
- Selon votre choix, effectuez une recherche en cliquant sur le bouton **Suivant** ou sur le bouton **Rechercher tout**.

Lorsque la boîte de dialogue **Rechercher et remplacer** est fermée, vous pouvez poursuivre la recherche par ⇧ F4. Vous pouvez cumuler une recherche de texte et de mise en valeur ; dans ce cas, saisissez le texte dans la zone **Rechercher** et choisissez les options de mise en valeur en cliquant sur le bouton **Format**.

Sélectionner des cellules

Des cellules adjacentes

- Utilisez l'une des trois techniques suivantes :

Le **cliqué-glissé**	Cliquez dans la première cellule à sélectionner et, sans relâcher le bouton de la souris, faites glisser celle-ci pour étendre la sélection ; relâchez le bouton de la souris lorsque la sélection vous convient. Attention, ne réalisez pas le cliqué-glissé à partir du bouton de recopie (carré vert en bas à droite de la cellule active) !
Le ⇧ clic	Cliquez dans la première cellule à sélectionner pour l'activer, pointez la dernière, appuyez sur la touche ⇧ et, sans la relâcher, cliquez. Relâchez ensuite le bouton de la souris puis la touche.

Déplacements/sélections dans une feuille

Avec le clavier Appuyez sur la touche [⇧] et, tout en la maintenant enfoncée, utilisez les touches de déplacement correspondant à la sélection à réaliser ; par exemple, [⇧][→] sélectionne la cellule située à droite.

*Une **plage de cellules** sélectionnée apparaît encadrée et de couleur plus sombre (sauf la première cellule qui s'affiche comme à l'ordinaire car il s'agit de la cellule active).*

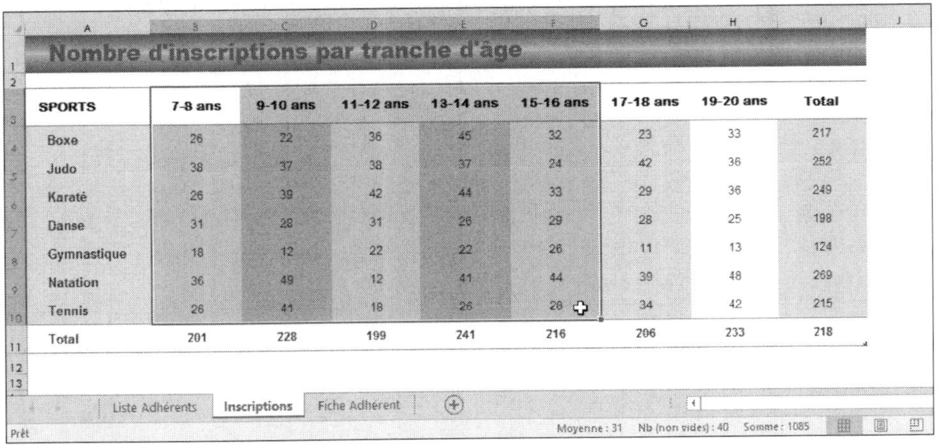

SPORTS	7-8 ans	9-10 ans	11-12 ans	13-14 ans	15-16 ans	17-18 ans	19-20 ans	Total
Boxe	26	22	36	45	32	23	33	217
Judo	38	37	38	37	24	42	36	252
Karaté	26	39	42	44	33	29	36	249
Danse	31	28	31	26	29	28	25	198
Gymnastique	18	12	22	22	26	11	13	124
Natation	36	49	12	41	44	39	48	269
Tennis	26	41	18	26	28	34	42	215
Total	201	228	199	241	216	206	233	218

Par défaut, la barre d'état affiche la moyenne et la somme des cellules sélectionnées si au moins l'une des cellules sélectionnées contient une valeur numérique ; la barre d'état affiche aussi le nombre de valeurs (texte, numérique ou autre) contenues dans la sélection.

Des cellules non adjacentes

- Sélectionnez la première plage de cellules.
- Appuyez sur la touche [Ctrl] et tout en la maintenant enfoncée, sélectionnez les autres plages de cellules ; lorsque vous avez terminé, relâchez la touche [Ctrl] avant le bouton de la souris.

Pour sélectionner toutes les cellules de la feuille de calcul, cliquez sur le bouton [◢] situé à l'intersection des en-têtes de lignes et de colonnes. Pour sélectionner toutes les cellules d'un tableau, cliquez dans une des cellules du tableau et utilisez le raccourci [Ctrl] **A** ou [Ctrl] *.

Sélectionner des lignes/des colonnes

Procédez selon les techniques suivantes :

	Ligne	Colonne
Avec la souris	Cliquez sur le numéro de la ligne à sélectionner.	Cliquez sur la lettre de la colonne à sélectionner.
Au clavier	Activez une cellule située dans la ligne puis utilisez les touches ⇧ Espace.	Activez une cellule située dans la colonne puis utilisez les touches Ctrl Espace.

Lorsqu'une ligne (une colonne) est sélectionnée, son numéro (sa lettre) apparaît en gras sur un fond de couleur sombre.

Pour sélectionner plusieurs lignes (colonnes) adjacentes, faites glisser la souris sur les en-têtes de lignes (colonnes). Si les lignes (colonnes) ne sont pas adjacentes, maintenez la touche Ctrl enfoncée lors de la sélection de chaque ligne (colonne).

Une sélection peut être composée de lignes et de colonnes.

Sélectionner des cellules d'après leur contenu

Dans l'onglet **Accueil**, cliquez sur le bouton **Rechercher et sélectionner** du groupe **Édition** puis cliquez sur l'option **Sélectionner les cellules**.

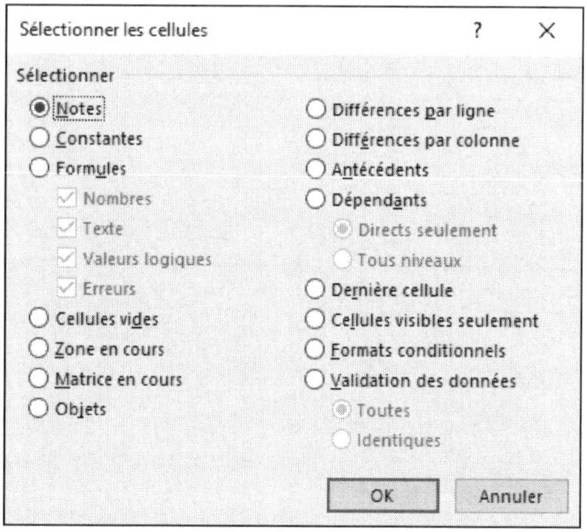

Déplacements/sélections dans une feuille

- Cliquez sur l'option correspondant à la nature des cellules à sélectionner :

Notes	Pour sélectionner les cellules contenant des notes.
Constantes	Pour sélectionner les cellules contenant des valeurs fixes.
Formules	Pour sélectionner les cellules contenant des formules de calcul. Précisez si besoin le type de formule concerné en cochant la ou les options : **Nombres**, **Texte**, **Valeurs logiques**, **Erreurs**.
Cellules vides	Pour sélectionner les cellules vides.
Zone en cours	Pour sélectionner l'ensemble des cellules autour de la cellule active jusqu'à la première ligne ou colonne vide.
Matrice en cours	Pour sélectionner la matrice dans son ensemble si la cellule active se trouve dans une matrice.
Objets	Pour sélectionner les objets graphiques situés sur la feuille de calcul et dans les zones de texte (graphiques, boutons...).
Différences par ligne/ par colonne	Pour sélectionner toutes les cellules différentes de la cellule active dans une ligne/une colonne sélectionnée ; la cellule active d'une sélection est par défaut la première cellule d'une ligne/d'une colonne ; pour modifier l'emplacement de cette cellule active, appuyez sur la touche [Entrée] ou [Tab]. Si la sélection comporte plusieurs lignes/colonnes, la comparaison est alors effectuée pour chaque ligne/colonne de cette sélection, et la cellule utilisée dans la comparaison de chaque ligne supplémentaire se situe dans la même colonne/ligne que la cellule active.
Antécédents	Pour sélectionner les cellules référencées par la formule de la cellule active. Activez ensuite l'option **Directs seulement** pour tenir compte uniquement des cellules directement référencées par la formule, ou l'option **Tous niveaux** pour tenir compte des cellules directement ou indirectement référencées par les cellules de la sélection.

Dépendants	Pour sélectionner les cellules dont la formule se réfère à la cellule active. Activez ensuite l'option **Directs seulement** pour tenir compte uniquement des cellules qui font directement référence à la cellule active, ou l'option **Tous niveaux** pour tenir compte des cellules qui font directement ou indirectement référence à la cellule active.
Dernière cellule	Pour sélectionner la dernière cellule de la feuille de calcul qui contient une mise en forme ou des données.
Cellules visibles seulement	Pour sélectionner uniquement les cellules visibles dans une plage contenant des lignes ou des colonnes masquées.
Formats conditionnels	Pour sélectionner uniquement les cellules sur lesquelles une mise en forme conditionnelle a été appliquée. Activez ensuite l'option **Toutes** pour rechercher toutes les cellules de ce type, ou l'option **Identiques** pour rechercher uniquement les cellules dont la mise en forme conditionnelle est identique à celle de la cellule active.
Validation des données	Pour rechercher les cellules contenant une liste déroulante. Activez ensuite l'option **Toutes** pour rechercher toutes les cellules sur lesquelles est appliquée la validation des données, ou l'option **Identiques** pour rechercher uniquement les cellules dont la validation des données est identique à celle de la cellule active.

- Cliquez sur le bouton **OK**.

Lorsque la feuille de calcul ne contient pas de cellules correspondant à la recherche, Excel affiche le message suivant :

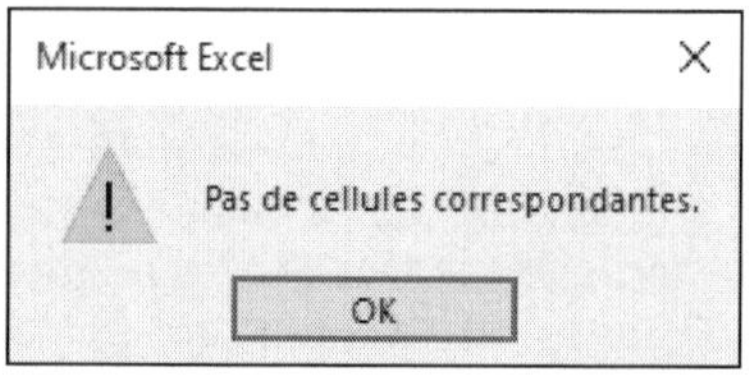

Vous pouvez aussi utiliser les options suivantes de la liste associée à l'outil **Rechercher et sélectionner : Formules, Notes, Mise en forme conditionnelle, Constantes, Validation données.**

Saisir des données constantes (texte, valeurs...)

- Activez la cellule dans laquelle la donnée doit apparaître.

  Vérifiez toujours la référence de la cellule active dans la zone de nom de la barre de formule.

- Saisissez la donnée.

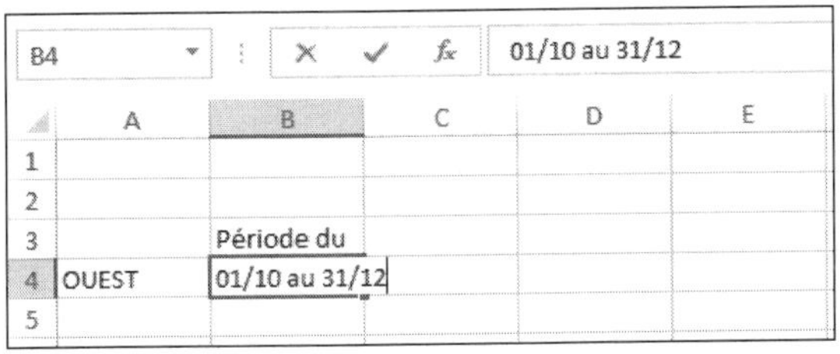

Dès la saisie du premier caractère, deux symboles apparaissent dans la barre de formule :

permet d'annuler la saisie (correspond à la touche Echap*).*

permet de valider la saisie (correspond à la touche ⏎*).*

Parallèlement, l'indicateur Entrer de la barre d'état indique que seules des saisies peuvent être réalisées.

- Pour valider la saisie, utilisez la touche ⏎ ou ⇆ ou une touche de direction quelconque ou bien cliquez sur le bouton ✓.

  Le fait d'atteindre une nouvelle cellule valide la saisie précédente. Dès que vous activez une nouvelle cellule, Excel revient en mode Prêt et les symboles ✕ et ✓ se grisent.

  Après validation, les données de type Texte s'alignent à gauche des cellules et celles de type Date ou Numérique s'alignent à droite. En outre, les données de type Date sont automatiquement formatées (exemple : 31/03 devient 31-mars).

Pour la saisie des données, prêtez attention aux remarques suivantes :

- Pour les valeurs numériques, faites attention à saisir des 0 (zéros) et pas des O (la lettre o).
- Pour saisir une valeur négative, faites-la précéder d'un signe moins (-) ou entourez-la de parenthèses.
- Pour qu'un nombre comme 10000 apparaisse immédiatement sous la forme 10 000 €, effectuez la saisie suivante : 10000 € (le symbole € s'obtient généralement à l'aide de la combinaison de touches AltGr **E**, cela peut varier selon le type de clavier utilisé).
- Pour entrer un pourcentage, tapez le signe % juste après le nombre.
- Pour saisir des décimales, utilisez la virgule ou le point comme séparateur décimal (selon la configuration de Windows, c'est le point ou la virgule qui apparaîtra après la saisie).

Pour la saisie des dates, Excel interprète l'année saisie sur deux chiffres de cette façon :

- de 00 à 29 = de 2000 à 2029,
- de 30 à 99 = de 1930 à 1999.

Sous Windows 8, les paramètres **Date et heure** sont modifiables à partir du **Panneau de configuration - Horloge, langue et région.**

Sous Windows 10, les paramètres **Date et heure** sont modifiables à partir des **Paramètres Windows - Heure et langue.**

Pour saisir un même contenu sur plusieurs feuilles de calcul simultanément, sélectionnez les feuilles de calcul concernées (les feuilles sélectionnées constituent alors un groupe de travail) et effectuez la saisie.

Insérer des caractères spéciaux

Cette technique permet d'insérer des symboles qui ne figurent pas sur le clavier. Un caractère spécial peut être inséré dans une cellule vide ou à l'intérieur d'un texte au moment de la saisie.

Activez l'onglet **Insertion** et cliquez sur le bouton **Symbole** du groupe **Symboles.**

La boîte de dialogue ***Caractères spéciaux*** *s'affiche ; l'onglet* ***Symboles*** *est actif.*

- Dans la liste **Police**, sélectionnez la police contenant le caractère à insérer : pour insérer des caractères classiques (par exemple, des majuscules accentuées, des fractions...), choisissez la police **(texte normal)** ; pour insérer des caractères grecs ou mathématiques, choisissez la police **Symbol** ; pour insérer des symboles illustrés, utilisez les polices **Webdings**, **Wingdings**, **Wingdings 2** et **Wingdings 3**.
- Sélectionnez le caractère à insérer en cliquant dessus.

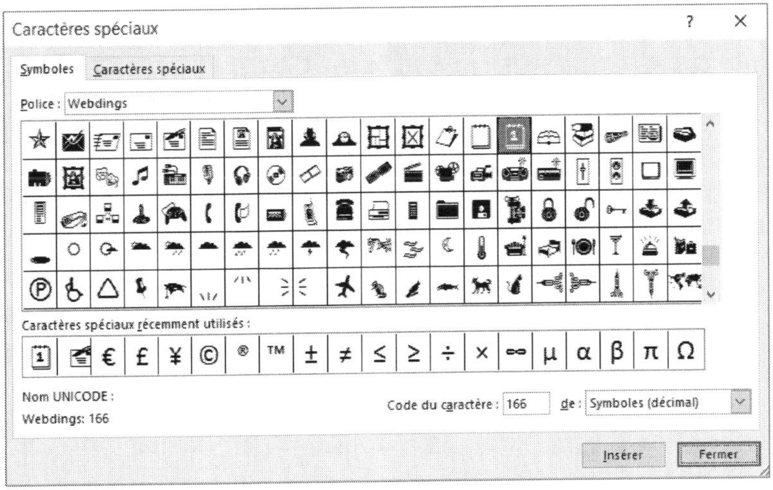

- Cliquez sur le bouton **Insérer**.
- Insérez éventuellement d'autres caractères puis fermez la boîte de dialogue en cliquant sur le bouton **Fermer**.
- Terminez la saisie si besoin puis validez.

Insérer la date/l'heure système dans une cellule

La date et l'heure système sont gérées par Windows.

- Activez la cellule dans laquelle doit apparaître la date et/ou l'heure système.
- Pour insérer la date et/ou l'heure système mises à jour à chaque ouverture du classeur, utilisez l'une des deux fonctions suivantes :

  =AUJOURDUI() Pour insérer la date du jour.

  =MAINTENANT() Pour insérer la date et l'heure.

- Pour insérer la date du jour et/ou l'heure système fixe, utilisez l'un des raccourcis-clavier suivants : Ctrl ; pour insérer la date ou Ctrl : pour insérer l'heure.

Si la date affichée n'est pas celle du jour, corrigez la date système de votre micro-ordinateur sur Windows 8, à partir du **Panneau de configuration** de Windows, option **Horloge, langue et région** puis **Date et heure** ou sur Windows 10, en choisissant l'option **Ajuster la date/l'heure** du menu contextuel (clic droit) de la date (à droite de la barre des tâches).

Utiliser la fonction de saisie semi-automatique

Lorsque vous saisissez les premiers caractères, il est possible qu'Excel vous propose des données existant dans la colonne et commençant par les mêmes caractères.

- Si l'entrée proposée vous convient, validez la saisie ; sinon, vous pouvez afficher une liste en appuyant sur Alt ↓.

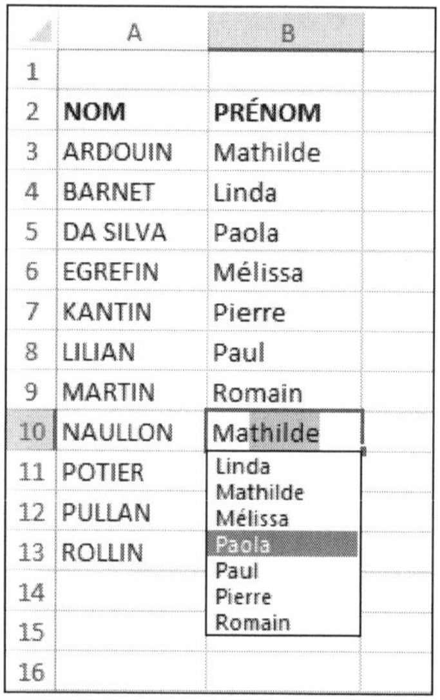

La liste des entrées existant dans la colonne apparaît. Vous pouvez également afficher cette liste en cliquant avec le bouton droit de la souris et en choisissant l'option ***Liste déroulante de choix****.*

- Cliquez alors sur l'entrée qui vous convient.

Si aucune entrée ne vous convient, poursuivez la saisie.

Cette fonction est disponible si l'option **Saisie semi-automatique des valeurs de cellule** de la boîte de dialogue **Options Excel** est active (onglet **Fichier** - **Options** - catégorie **Options avancées** - **Options d'édition**).

Utiliser le Remplissage instantané pour compléter une colonne

*Auparavant, lorsque vous souhaitiez effectuer des manipulations sur des chaînes de caractères telles que l'extraction de noms ou de prénoms, d'adresses électroniques, de numéros de téléphone, etc. vous deviez utiliser la commande Convertir ou les fonctions GAUCHE, DROITE, CHERCHE ou NBCAR. Mais la création d'une telle formule pouvait vite s'avérer difficile pour des manipulations complexes comme l'extraction d'un nom de famille suivi de l'initiale du prénom par exemple. Désormais, la fonctionnalité appelée **Remplissage instantané** (ou **Flash Fill** en anglais) permet depuis Excel 2013 de détecter la règle de décomposition, de concaténation et/ou de mise en forme que vous appliquez à un exemple, afin de la reproduire automatiquement sur toute votre liste.*

Après avoir appris comment activer ou désactiver cette fonctionnalité, nous découvrirons ici comment l'utiliser à travers quelques exemples. Ces exemples ne sont pas une représentation exhaustive des possibilités de cet outil mais ils vous permettent d'en comprendre le principe d'utilisation.

Activer/désactiver la fonctionnalité

Le Remplissage instantané est activé par défaut depuis Excel 2013, mais vous pouvez modifier ce paramètre si vous le souhaitez.

- Activez l'onglet **Fichier**, cliquez sur **Options** et sélectionnez la catégorie **Options avancées**.
- Cochez (pour activer) ou décochez (pour désactiver) l'option **Utiliser automatiquement le remplissage instantané** du groupe **Options d'édition**.

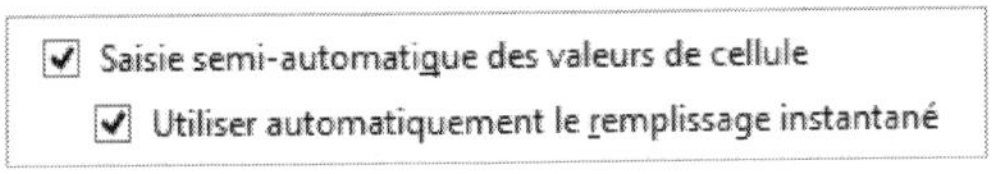

- Validez par le bouton **OK**.

Remplir une colonne à partir du contenu de plusieurs colonnes

*Dans ce premier exemple, nous allons laisser Excel compléter la colonne **Identité** à partir du contenu des colonnes **Prénom** et **Nom**.*

	A	B	C	D
1	**Prénom**	**Nom**	**Identité**	
2	Michel	Guyon-David		
3	Olivier	CANEVET		
4	Sandrine	CAFUMENT		
5	Henry-Joël	Chaumanot		
6	Véronique	Aubriot Aubin		
7	Maryse	Artarit		
8	Christine	ANTON		
9	Catherine	chekroun		
10	gildas	Chesneau		
11	Anne	Chevallier		
12	Jean	civel thomas		
13	Loubna	Cornet		
14	Anne-Françoise	Dahant		
15	Paul	Rivière		
16	Marc	de Foucault		
17	Bruno	delage		
18	Régine	Dumont		
19	sophie	Dupré		
20	Aline	Baudonneais		
21	Alain	Dorosur		
22	Thierry	Elkouri		
23	Héléna	Rojouan		

Notez que la présentation de nos données n'est pas homogène, il y a un mélange de majuscules et de minuscules.

- Activez la première cellule dans laquelle vous allez saisir l'exemple qui sera analysé par Excel pour déterminer les règles que vous souhaitez appliquer à cette colonne.
- Saisissez votre exemple en tenant compte des casses souhaitées.

*Ici, nous souhaitons concaténer le **Prénom** et le **Nom** de nos contacts en appliquant une majuscule uniquement au premier caractère et en les séparant d'un espace.*

	A	B	C	D
1	**Prénom**	**Nom**	**Identité**	
2	Michel	Guyon-David	Michel Guyon-David	
3	Olivier	CANEVET		
4	Sandrine	CAFUMENT		
5	Henry-Joël	Chaumanot		

- Validez votre saisie.
- Suivant ce même principe, commencez la saisie d'un deuxième exemple dans la cellule suivante.

  *Avant même que vous ayez terminé la saisie du second exemple, il est possible que Excel comprenne la règle à appliquer (ici la règle consiste à concaténer le prénom et le nom), il vous propose alors de compléter automatiquement toute la colonne (**Identité** dans notre exemple).*

	A	B	C	D
1	**Prénom**	**Nom**	**Identité**	
2	Michel	Guyon-David	Michel Guyon-David	
3	Olivier	CANEVET	Olivier CANEVET	
4	Sandrine	CAFUMENT	Sandrine CAFUMENT	
5	Henry-Joël	Chaumanot	Henry-Joël Chaumanot	
6	Véronique	Aubriot Aubin	Véronique Aubriot Aubin	
7	Maryse	Artarit	Maryse Artarit	
8	Christine	ANTON	Christine ANTON	
9	Catherine	chekroun	Catherine chekroun	
10	gildas	Chesneau	gildas Chesneau	
11	Anne	Chevallier	Anne Chevallier	
12	Jean	civel thomas	Jean civel thomas	
13	Loubna	Cornet	Loubna Cornet	
14	Anne-Françoise	Dahant	Anne-Françoise Dahant	
15	Paul	Rivière	Paul Rivière	
16	Marc	de Foucault	Marc de Foucault	
17	Bruno	delage	Bruno delage	
18	Régine	Dumont	Régine Dumont	
19	sophie	Dupré	sophie Dupré	
20	Aline	Baudonneais	Aline Baudonneais	
21	Alain	Dorosur	Alain Dorosur	
22	Thierry	Elkouri	Thierry Elkouri	
23	Héléna	Rojouan	Héléna Rojouan	

  Ici, la concaténation nous convient, mais rappelons que dans notre exemple nous souhaitons une majuscule uniquement en première lettre (et le reste en minuscules). Nous allons donc donner un second exemple à Excel pour qu'il puisse mieux interpréter les règles que nous souhaitons appliquer.

- Si les règles appliquées dans ce remplissage instantané vous conviennent, validez votre saisie et le remplissage par la même occasion.
- Dans le cas contraire, poursuivez la saisie de votre exemple puis validez.

  Ici, nous poursuivons la saisie de notre exemple pour signifier à Excel que nous souhaitons des minuscules (sauf en première lettre).

- Vous pouvez ainsi saisir plusieurs exemples jusqu'à ce que Excel interprète « toutes » les règles souhaitées.

	A	B	C	D
1	**Prénom**	**Nom**	**Identité**	
2	Michel	Guyon-David	Michel Guyon-David	
3	Olivier	CANEVET	Olivier Canevet	
4	Sandrine	CAFUMENT	Sandrine Cafument	
5	Henry-Joël	Chaumanot	Henry-Joël Chaumanot	
6	Véronique	Aubriot Aubin	Véronique Aubriot Aubi	
7	Maryse	Artarit	Maryse Artarit	
8	Christine	ANTON	Christine Anton	
9	Catherine	chekroun	Catherine Chekroun	
10	gildas	Chesneau	gildas Chesneau	
11	Anne	Chevallier	Anne Chevallier	
12	Jean	civel thomas	Jean Civel Thomas	
13	Loubna	Cornet	Loubna Cornet	
14	Anne-Françoise	Dahant	Anne-Françoise Dahant	
15	Paul	Rivière	Paul Rivière	
16	Marc	de Foucault	Marc De Foucault	
17	Bruno	delage	Bruno Delage	
18	Régine	Dumont	Régine Dumont	
19	sophie	Dupré	sophie Dupré	
20	Aline	Baudonneais	Aline Baudonneais	
21	Alain	Dorosur	Alain Dorosur	
22	Thierry	Elkouri	Thierry Elkouri	
23	Héléna	Rojouan	Héléna Rojouan	

- Lorsque le résultat du remplissage instantané suggéré vous convient, appuyez sur la touche ⏎ pour que toutes les valeurs proposées soient validées.
- Vérifiez attentivement le résultat du remplissage car il se peut qu'Excel n'ait pas toujours bien compris la règle demandée, modifiez si nécessaire la ou les valeurs qui ne vous conviennent pas.

  Attention : si plusieurs données ont la même structure, Excel tiendra compte de vos modifications pour les rectifier également. Prenez bien la précaution de vérifier l'ensemble des données gérées par le Remplissage instantané après chaque modification.

  Pour intervenir sur l'ensemble du remplissage, reportez-vous au sous-titre Gérer le remplissage instantané effectué ci-après.

Jusqu'à présent, nous avons complété une colonne (C) en combinant le ***Nom*** *et le* ***Prénom*** *situés dans deux autres colonnes (A et B), mais nous allons désormais, selon le même principe, récupérer uniquement les initiales de ces informations.*

	A	B	C	D
1	**Prénom**	**Nom**	**Initiales**	
2	Michel	Guyon-David	MGD	
3	Olivier	CANEVET	OC	
4	Sandrine	CAFUMENT	SC	
5	Henry-Joël	Chaumanot	Henry-JC	
6	Véronique	Aubriot Aubin	VAA	
7	Maryse	Artarit	MA	
8	Christine	ANTON	CA	
9	Catherine	chekroun	Cc	
10	gildas	Chesneau	gC	
11	Anne	Chevallier	AC	
12	Jean	civel thomas	Jc	
13	Loubna	Cornet	LC	
14	Anne-Françoise	Dahant	Anne-FD	
15	Paul	Rivière	PR	
16	Marc	de Foucault	Md	
17	Bruno	delage	Bd	
18	Régine	Dumont	RD	
19	sophie	Dupré	sD	
20	Aline	Baudonneais	AB	
21	Alain	Dorosur	AD	
22	Thierry	Elkouri	TE	
23	Héléna	Rojouan	HR	

Mettre en forme des données de manière uniforme

*Le **Remplissage instantané** peut être aussi utilisé pour mettre en forme vos données d'une manière uniforme même si ces dernières sont disparates :*

	B	C
1	**Tél.**	**Téléphone**
2	(+33)123555012	01 23 55 50 12
3	(+33)123555011	01 23 55 50 12
4	12-355-5054	01 -5 05 50 50
5	12-355-5061	01 -5 06 50 50
6	01 23 45 67 89	01 45 6 7 89
7	01 23 45 67 90	01 45 6 7 90
8	01 23 45 67 91	01 45 6 7 91
9	01 23 45 67 92	01 45 6 7 92
10	12-355-5127	01 -5 12 51 51
11	12-355-5128	01 -5 12 51 51
12	12-355-5129	01 -5 12 51 51
13	12-355-5130	01 -5 13 51 51
14	2 23 45 67 89	01 5 67 8 89
15	2 23 45 67 90	01 5 67 9 90
16	2 23 45 67 91	01 5 67 9 91
17	2 23 45 67 92	01 5 67 9 92
18	123-555-0131	01 5- 01 31 01
19	123-555-0132	01 5- 01 32 01
20	123-555-0133	01 5- 01 33 01
21	123-555-0134	01 5- 01 34 01
22	3 23 45 67 89	01 5 67 8 89
23	3 23 45 67 90	01 5 67 9 90

Dans cet exemple, les numéros de téléphone sont présentés dans divers formats et nous souhaitons les mettre en un seul et même format du type : xx xx xx xx xx

*Notez qu'ici Excel rencontre des difficultés pour traiter certains formats de la colonne **Tél**. La solution consiste alors à poursuivre la saisie des exemples.*

	B	C
1	**Tél.**	**Téléphone**
2	(+33)123555012	01 23 55 50 12
3	(+33)123555011	01 23 55 50 12
4	12-355-5054	01 23 55 50 54
5	12-355-5061	01 23 55 50 61
6	01 23 45 67 89	01 23 45 67 89
7	01 23 45 67 90	01 23 45 67 90
8	01 23 45 67 91	01 23 45 67 91
9	01 23 45 67 92	01 23 45 67 92
10	12-355-5127	01 23 55 51 27
11	12-355-5128	01 23 55 51 28
12	12-355-5129	01 23 55 51 29
13	12-355-5130	01 23 55 51 30
14	2 23 45 67 89	2 23 45 67 89
15	2 23 45 67 90	2 23 45 67 90
16	2 23 45 67 91	2 23 45 67 91
17	2 23 45 67 92	2 23 45 67 92

Dans cet exemple, Excel comprend comment présenter un format **xx-xxx-xxxx** *(exemple 12-355-5129) en* **xx xx xx xx xx** *(01 23 55 51 29), mais il n'a pas compris comment présenter le format* **x xx xx xx xx** *(2 23 45 67 89) !*

En validant malgré tout le Remplissage instantané, vous pourrez apporter des modifications qui pourront être reproduites automatiquement si Excel en comprend les règles.

Si Excel rencontre des difficultés pour comprendre la ou les règles souhaitées, n'hésitez pas à trier vos données par ordre croissant ou décroissant (selon votre choix) pour l'aider à mieux les analyser.

Décomposer une colonne en plusieurs colonnes

Selon les mêmes procédés que ceux décrits dans les sous-titres précédents, vous pouvez à l'inverse décomposer les données d'une colonne en plusieurs colonnes.

	A	B	C	D
1	Mes contacts	Prénom	Nom	Adresse électronique
2	Michel Guyon-David <m.guyondavid@mail.com>			
3	Olivier CANEVET <olivier.canevet@mail.com>			
4	Sandrine CAFUMENT <scafument@mail.com>			
5	Henry-Joël Chaumanot <henry-joel.chaumanot@mail.com>			
6	Véronique Aubriot Aubin <vero.aubriot@mail.com>			
7	Maryse Artarit <maryse.artarit@mail.com>			
8	Christine ANTON <anton@mail.com>			
9	Catherine chekroun <catherine-chekroun@mail.com>			
10	gildas Chesneau <gil.chesneau@mail.com>			
11	Anne Chevallier <anne.chevallier@mail.com>			
12	Jean civel thomas <jean.civel-thomas@mail.com>			
13	Loubna Cornet <loubna.cornet@mail.com>			
14	Anne-Françoise Dahant <af.dahant@mail.com>			
15	Paul Rivière <paul.riviere@mail.com>			
16	Marc de Foucault <marc.defoucault@mail.com>			
17	Bruno delage <bdelage@mail.com>			
18	Régine Dumont <regine.dumont@mail.com>			
19	sophie Dupré <sophie.dupre@mail.com>			
20	Aline Baudonneais <a.baudonneais@mail.com>			
21	Alain Dorosur <alain.dorosur@mail.com>			
22	Thierry Elkouri <thierry-elkouri@mail.com>			
23	Héléna Rojouan <h.rojouan@mail.com>			

base | Identité | Initiales | Téléphone | Décomposer

*Dans cet exemple, nous souhaitons compléter les colonnes **Prénom**, **Nom** et **Adresse électronique** en utilisant la fonctionnalité Remplissage instantané.*

- Activez la première cellule à renseigner puis saisissez la partie de l'information que vous voulez récupérer de la ou des autres colonnes, en prenant soin de respecter la casse souhaitée.

  Dans notre exemple, nous souhaitons avoir les prénoms en minuscules et les noms en majuscules.

- Validez la saisie de la première cellule.
- Poursuivez la saisie de la deuxième ligne.

Si Excel respecte les règles demandées, vous pouvez valider le remplissage instantané proposé.

	A	B
1	**Mes contacts**	**Prénom**
2	Michel Guyon-David <m.guyondavid@mail.com>	Michel
3	Olivier CANEVET <olivier.canevet@mail.com>	Olivier
4	Sandrine CAFUMENT <scafument@mail.com>	Sandrine
5	Henry-Joël Chaumanot <henry-joel.chaumanot@mail.com>	Henry
6	Véronique Aubriot Aubin <vero.aubriot@mail.com>	Véronique
7	Maryse Artarit <maryse.artarit@mail.com>	Maryse
8	Christine ANTON <anton@mail.com>	Christine
9	Catherine chekroun <catherine-chekroun@mail.com>	Catherine
10	gildas Chesneau <gil.chesneau@mail.com>	gildas
11	Anne Chevallier <anne.chevallier@mail.com>	Anne
12	Jean civel thomas <jean.civel-thomas@mail.com>	Jean
13	Loubna Cornet <loubna.cornet@mail.com>	Loubna
14	Anne-Françoise Dahant <af.dahant@mail.com>	Anne
15	Paul Rivière <paul.riviere@mail.com>	Paul

Ici, nous avons validé le remplissage instantané bien que Excel n'ait pas compris comment gérer les prénoms composés (Henry-Joël, Anne-Françoise).

Dans ce cas, apportez la modification qui permettra à Excel de mieux comprendre la règle à appliquer puis valider.

Ici, nous complétons le prénom composé de Henry-Joël.

Après toute modification, Excel vérifie et modifie les autres entrées si besoin.

5	Henry-Joël Chaumanot <henry-joel.chaumanot@mail.com>	Henry-Joël
6	Véronique Aubriot Aubin <vero.aubriot@mail.com>	Véronique
7	Maryse Artarit <maryse.artarit@mail.com>	Maryse
8	Christine ANTON <anton@mail.com>	Christine
9	Catherine chekroun <catherine-chekroun@mail.com>	Catherine
10	gildas Chesneau <gil.chesneau@mail.com>	gildas
11	Anne Chevallier <anne.chevallier@mail.com>	Anne
12	Jean civel thomas <jean.civel-thomas@mail.com>	Jean
13	Loubna Cornet <loubna.cornet@mail.com>	Loubna
14	Anne-Françoise Dahant <af.dahant@mail.com>	Anne-Françoise

Après avoir modifié le prénom composé de Henry-Joël, celui de Anne-Françoise a été modifié automatiquement.

*Pour cet exercice, nous poursuivons la saisie par le remplissage instantané de la colonne **Nom** en lettres majuscules.*

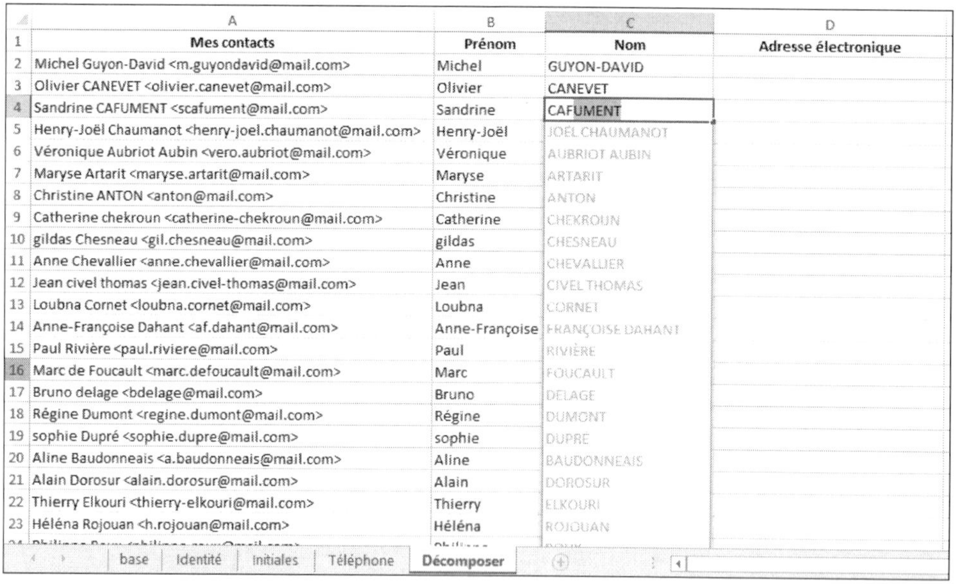

	A	B	C	D
1	Mes contacts	Prénom	Nom	Adresse électronique
2	Michel Guyon-David <m.guyondavid@mail.com>	Michel	GUYON-DAVID	
3	Olivier CANEVET <olivier.canevet@mail.com>	Olivier	CANEVET	
4	Sandrine CAFUMENT <scafument@mail.com>	Sandrine	CAFUMENT	
5	Henry-Joël Chaumanot <henry-joel.chaumanot@mail.com>	Henry-Joël	JOËL CHAUMANOT	
6	Véronique Aubriot Aubin <vero.aubriot@mail.com>	Véronique	AUBRIOT AUBIN	
7	Maryse Artarit <maryse.artarit@mail.com>	Maryse	ARTARIT	
8	Christine ANTON <anton@mail.com>	Christine	ANTON	
9	Catherine chekroun <catherine-chekroun@mail.com>	Catherine	CHEKROUN	
10	gildas Chesneau <gil.chesneau@mail.com>	gildas	CHESNEAU	
11	Anne Chevallier <anne.chevallier@mail.com>	Anne	CHEVALLIER	
12	Jean civel thomas <jean.civel-thomas@mail.com>	Jean	CIVEL THOMAS	
13	Loubna Cornet <loubna.cornet@mail.com>	Loubna	CORNET	
14	Anne-Françoise Dahant <af.dahant@mail.com>	Anne-Françoise	FRANÇOISE DAHANT	
15	Paul Rivière <paul.riviere@mail.com>	Paul	RIVIÈRE	
16	Marc de Foucault <marc.defoucault@mail.com>	Marc	FOUCAULT	
17	Bruno delage <bdelage@mail.com>	Bruno	DELAGE	
18	Régine Dumont <regine.dumont@mail.com>	Régine	DUMONT	
19	sophie Dupré <sophie.dupre@mail.com>	sophie	DUPRE	
20	Aline Baudonneais <a.baudonneais@mail.com>	Aline	BAUDONNEAIS	
21	Alain Dorosur <alain.dorosur@mail.com>	Alain	DOROSUR	
22	Thierry Elkouri <thierry-elkouri@mail.com>	Thierry	ELKOURI	
23	Héléna Rojouan <h.rojouan@mail.com>	Héléna	ROJOUAN	

Notez que là encore Excel n'a pas compris comment traiter les noms associés aux prénoms composés (Henry-Joël Chaumanot et Anne-Françoise Dahant).

- Dans ce cas, vous pouvez soit poursuivre la saisie pour que Excel puisse mieux comprendre les règles à appliquer, ou bien valider le Remplissage instantané proposé et effectuer les modifications après coup. Utilisez la méthode qui vous semble le plus pratique et rapide selon les données à traiter.
- Renseignez ainsi chaque colonne.

*Dans notre exemple, nous remplissons la colonne **Adresse électronique** en recopiant l'adresse des deux premières lignes qu'Excel prendra en exemples, puis en saisissant les premières lettres de la troisième adresse.*

	A	B	C	D
1	Mes contacts	Prénom	Nom	Adresse électronique
2	Michel Guyon-David <m.guyondavid@mail.com>	Michel	GUYON-DAVID	m.guyondavid@mail.com
3	Olivier CANEVET <olivier.canevet@mail.com>	Olivier	CANEVET	olivier.canevet@mail.com
4	Sandrine CAFUMENT <scafument@mail.com>	Sandrine	CAFUMENT	scafument@mail.com
5	Henry-Joël Chaumanot <henry-joel.chaumanot@mail.com>	Henry-Joël	CHAUMANOT	henry-joel.chaumanot@mail.com
6	Véronique Aubriot Aubin <vero.aubriot@mail.com>	Véronique	AUBRIOT AUBIN	vero.aubriot@mail.com
7	Maryse Artarit <maryse.artarit@mail.com>	Maryse	ARTARIT	maryse.artarit@mail.com
8	Christine ANTON <anton@mail.com>	Christine	ANTON	anton@mail.com
9	Catherine chekroun <catherine-chekroun@mail.com>	Catherine	CHEKROUN	catherine-chekroun@mail.com
10	gildas Chesneau <gil.chesneau@mail.com>	gildas	CHESNEAU	gil.chesneau@mail.com
11	Anne Chevallier <anne.chevallier@mail.com>	Anne	CHEVALLIER	anne.chevallier@mail.com
12	Jean civel thomas <jean.civel-thomas@mail.com>	Jean	CIVEL THOMAS	jean.civel-thomas@mail.com
13	Loubna Cornet <loubna.cornet@mail.com>	Loubna	CORNET	loubna.cornet@mail.com
14	Anne-Françoise Dahant <af.dahant@mail.com>	Anne-Françoise	DAHANT	af.dahant@mail.com
15	Paul Rivière <paul.riviere@mail.com>	Paul	RIVIÈRE	paul.riviere@mail.com
16	Marc de Foucault <marc.defoucault@mail.com>	Marc	DE FOUCAULT	marc.defoucault@mail.com
17	Bruno delage <bdelage@mail.com>	Bruno	DELAGE	bdelage@mail.com
18	Régine Dumont <regine.dumont@mail.com>	Régine	DUMONT	regine.dumont@mail.com
19	sophie Dupré <sophie.dupre@mail.com>	sophie	DUPRÉ	sophie.dupre@mail.com

Gérer le remplissage instantané effectué

- Pour intervenir sur l'ensemble du remplissage instantané effectué, cliquez sur le bouton **Options de remplissage instantané** visible tant que vous n'aurez pas effectué une autre manipulation après le remplissage.

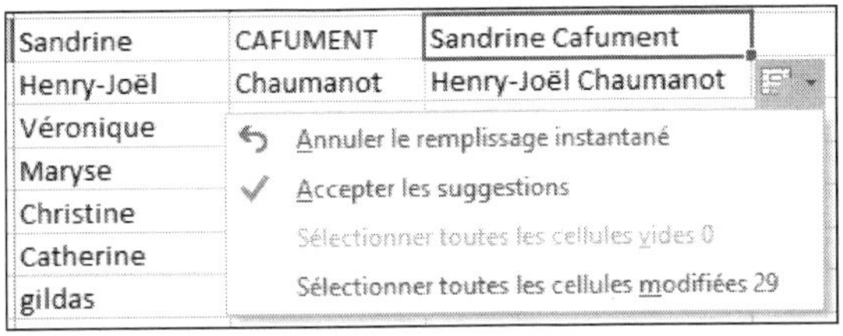

- Cliquez sur l'option :

  Annuler le remplissage instantané pour supprimer le contenu des cellules remplies automatiquement et désactiver la fonctionnalité de remplissage instantané afin de permettre la poursuite de la saisie des cellules de la colonne.

  Accepter les suggestions pour valider le résultat. Dans ce cas, le bouton d'**Options de remplissage instantané** disparaît.

  Sélectionner toutes les cellules modifiées afin d'y apporter des modifications simultanément (exemple : mise en forme).

Pour forcer le remplissage instantané à partir d'un modèle, sélectionnez la cellule déjà saisie puis utilisez le raccourci-clavier Ctrl **E**.

Si Excel rencontre des difficultés pour comprendre la ou les règles souhaitées, n'hésitez pas à trier vos données par ordre croissant ou décroissant (selon votre choix) pour l'aider à mieux les analyser.

Saisir un texte de plusieurs lignes dans une cellule

Deux techniques permettent de faire apparaître du texte sur plusieurs lignes dans une cellule : par la saisie ou en modifiant le format de la cellule.

Créer un saut de ligne

- Lorsque vous êtes en cours ou en modification de saisie, utilisez la combinaison de touches Alt ↵ pour imposer votre retour à la ligne à l'endroit souhaité.

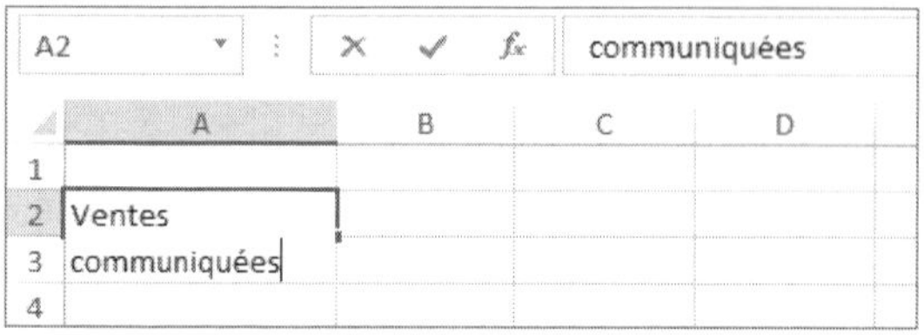

Si la hauteur de la barre de formule n'est pas ajustée, vous ne visualisez que la dernière ligne saisie.

- Validez par ↵.

La hauteur de ligne de la feuille de calcul s'adapte automatiquement.

Définir un renvoi à la ligne automatique

- Sélectionnez les cellules concernées.
- Dans le groupe **Alignement** de l'onglet **Accueil**, cliquez sur l'outil **Renvoyer à la ligne automatiquement** .

Les données sont renvoyées à la ligne de manière à ajuster le contenu de la cellule à la largeur de la colonne. Si vous modifiez la largeur de la colonne, les données sont automatiquement ajustées en conséquence.

Créer une série de données

Une série de données correspond à une suite logique de valeurs. Vous pouvez créer une série de données de dates, d'heures, de mois, de jours, d'un mélange de textes et de valeurs numériques.

Créer une série de données simple

Ce type de série permet d'afficher des valeurs successives avec un incrément égal à une unité.

- Saisissez la première valeur de la série : il peut s'agir d'une date, d'un mois, d'un jour de la semaine, d'un trimestre ou d'un texte quelconque se terminant par un chiffre.
- Faites glisser la poignée de recopie de cette cellule jusqu'à la cellule d'affichage de la dernière valeur vers le bas ou vers la droite pour remplir en ordre croissant, vers le haut ou vers la gauche pour remplir en ordre décroissant.

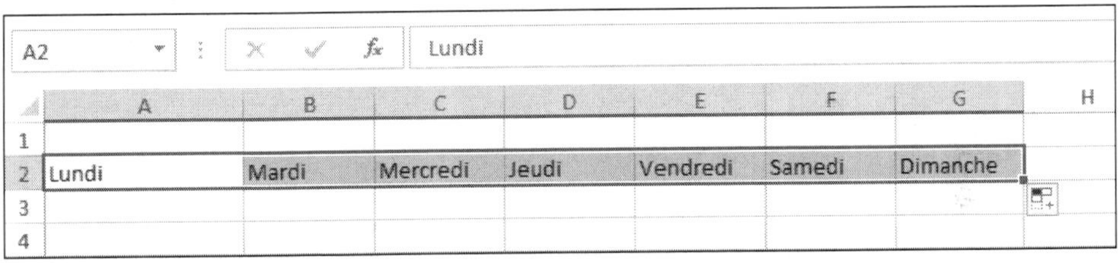

Juste après avoir créé votre série, le bouton ***Options de recopie incrémentée*** *apparaît dans le coin inférieur droit de la série.*

- Si vous souhaitez modifier le type d'incrémentation selon le type de série, ouvrez la liste du bouton **Options de recopie incrémentée** .

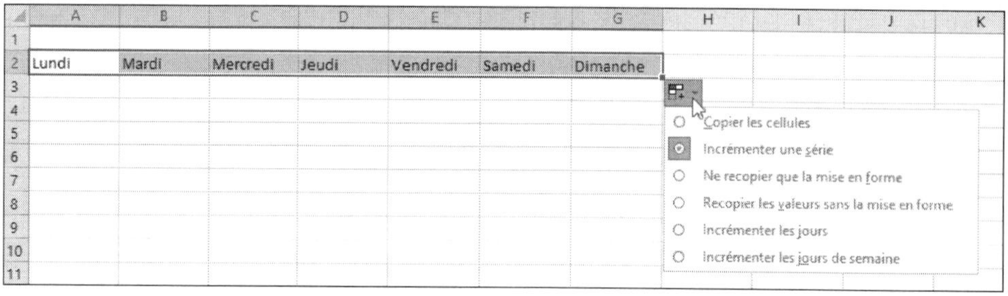

- Cliquez sur l'option adéquate, les options affichées dépendent du type de la donnée ; ici, par exemple, vous pouvez incrémenter par jour ou par jour ouvré (option **Incrémenter les jours de semaine**).

Si vous souhaitez simplement copier le contenu de la cellule sans effectuer une série incrémentée, maintenez alors la touche Ctrl lorsque vous faites glisser la poignée de recopie.
Si la première cellule contient une valeur numérique, Excel recopie la valeur sur les autres cellules, pour effectuer une série incrémentée, maintenez la touche Ctrl tout en faisant glisser la poignée de recopie.

Créer une série de données "complexe"

Ce type de série permet de définir l'incrément entre les valeurs de la série.

À l'aide de la poignée de recopie

- Saisissez les deux premières valeurs dans deux cellules adjacentes pour indiquer la valeur de l'incrément.
- Sélectionnez ces deux cellules.
- Faites glisser la poignée de recopie jusqu'à la cellule souhaitée.

Référence 100 *et* ***Référence 150*** *sont les deux premières données de cette série de données.*

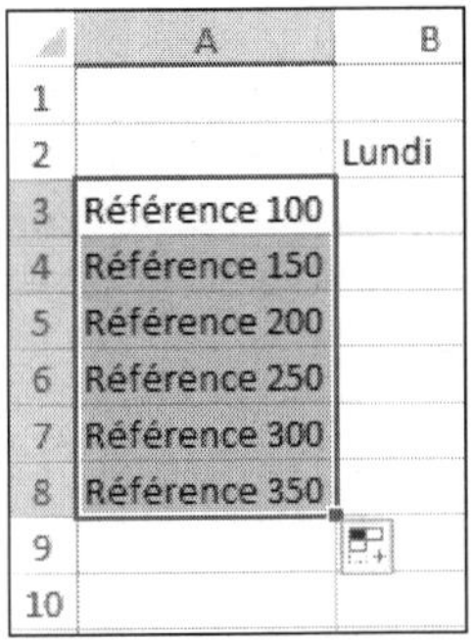

À l'aide de la boîte de dialogue

- Saisissez la première valeur (nombre ou date) de la série et sélectionnez la cellule contenant cette valeur et, éventuellement, les cellules concernées par la série.
- Dans l'onglet **Accueil** - groupe **Édition**, ouvrez la liste associée à l'outil **Remplissage**  puis cliquez sur l'option **Série**.

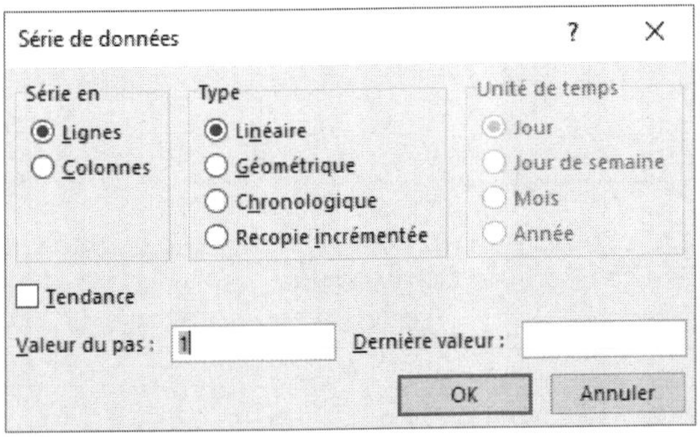

- Dans le cadre **Série en**, indiquez si la série doit être insérée en **Lignes** ou en **Colonnes**.

- Si votre sélection contient un nombre, vous pouvez activer l'option **Linéaire** ou **Géométrique** du cadre **Type** pour générer une suite *linéaire*, c'est-à-dire une suite de nombres obtenue en ajoutant la valeur du pas à la valeur de départ, puis à chaque valeur successive ou, pour générer une suite *géométrique*, c'est-à-dire une suite de nombres obtenue en multipliant une constante différente de zéro au nombre précédent.

  Si votre sélection contient une donnée de type Date, vous pouvez activer l'option **Chronologique** du cadre **Type** pour générer une suite incrémentée selon l'**Unité de temps** choisie dans le cadre de droite.
- Modifiez si besoin, l'incrément dans la zone **Valeur du pas.**
- Indiquez si besoin, la **Dernière valeur** si vous n'avez pas sélectionné au préalable les cellules destinatrices de la série.
- Cliquez sur le bouton **OK.**

Vous pouvez créer vos propres séries de données personnalisées (cf. chapitre Optimisation de la saisie de données).

Modifier le contenu d'une cellule

- Faites un double clic dans la cellule à modifier :

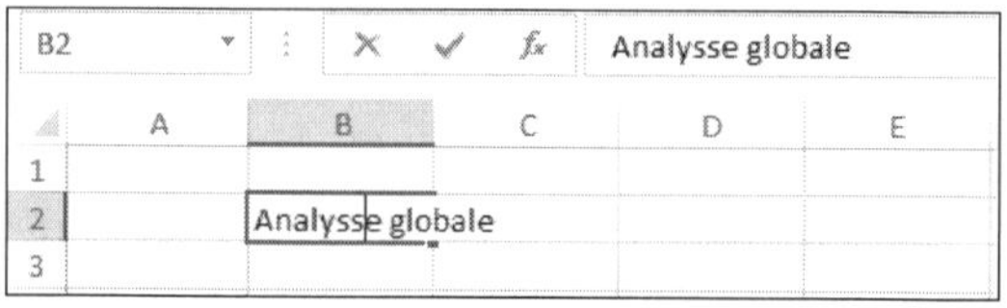

*Un point d'insertion apparaît dans la cellule (la petite barre verticale clignotante) à l'endroit où vous avez cliqué et Excel passe en mode **Modifier**.*

- Réalisez vos modifications.
- Validez les modifications.

Vous pouvez aussi cliquer dans la cellule et utiliser la touche F2 ou effectuer directement vos modifications dans la barre de formule.

Effacer le contenu des cellules

- Sélectionnez les cellules à effacer puis appuyez sur la touche Suppr.

  Le contenu des cellules est alors supprimé mais pas le format.

- Pour effacer le contenu et/ou le format et/ou les commentaires et les notes, cliquez sur l'outil **Effacer** du groupe **Édition** de l'onglet **Accueil**.

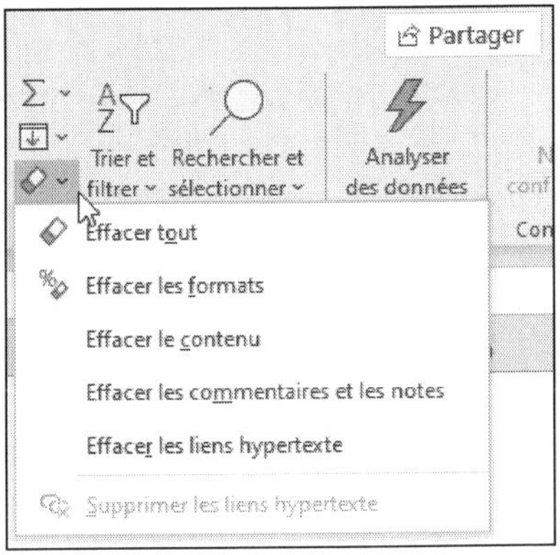

- Cliquez sur l'option en fonction de ce que vous souhaitez effacer.

Pour effacer le contenu des cellules, vous pouvez également sélectionner les cellules concernées puis faire glisser la poignée de recopie sur cette même sélection.

Remplacer un contenu de cellule et/ou un format par un autre

Cette manipulation permet de remplacer automatiquement le texte et/ou le format de plusieurs cellules par un autre texte et/ou format. Cette technique permet également de modifier le texte contenu dans les formules.

<u>Remplacer du texte</u>

- Si le remplacement doit porter sur toute la feuille ou toutes les feuilles du classeur, activez une seule cellule ; si le remplacement ne concerne qu'une partie de la feuille active, sélectionnez la plage de cellules correspondante.
- Dans l'onglet **Accueil**, cliquez sur le bouton **Rechercher et sélectionner** du groupe **Édition** puis cliquez sur l'option **Remplacer** ou utilisez le raccourci-clavier Ctrl **H**.
- Dans la zone **Rechercher**, saisissez le texte à remplacer.

  *Cette zone peut contenir des lettres, des nombres, des signes de ponctuation ou des caractères génériques (? ou * qui remplacent respectivement un ou plusieurs caractères).*
- Dans la zone **Remplacer par**, saisissez le texte de remplacement.

- Comme pour la recherche de cellules (cf. Rechercher une cellule du chapitre Déplacements/sélections dans une feuille) vous pouvez, après avoir cliqué sur le bouton **Options**, indiquer où et comment Excel doit rechercher le texte à remplacer.
- Pour réaliser le remplacement un par un, cliquez sur le bouton **Suivant** pour atteindre la première cellule concernée, puis cliquez sur le bouton **Remplacer**, si vous voulez remplacer cette valeur ou **Suivant** pour ignorer le remplacement et poursuivre.
- Pour effectuer un remplacement en une seule manipulation, cliquez sur le bouton **Remplacer tout.**
- Cliquez sur le bouton **Fermer.**

Remplacer un format

- Activez une seule cellule ou sélectionnez la plage de cellules concernée par le remplacement.
- Dans l'onglet **Accueil**, cliquez sur le bouton **Rechercher et sélectionner** du groupe **Édition** puis cliquez sur l'option **Remplacer** ou utilisez le raccourci-clavier Ctrl **H.**
- Cliquez, si besoin, sur le bouton **Options** pour les afficher.
- Supprimez le contenu de la zone **Rechercher** si celle-ci n'est pas vide ainsi que le contenu de la zone **Remplacer par.**
- Cliquez sur le bouton **Format** de la ligne **Rechercher** et sélectionnez dans la boîte de dialogue **Rechercher le format**, les formats recherchés.

  *Le bouton **Choisir le format à partir de la cellule** permet de sélectionner une cellule afin de récupérer automatiquement tous les attributs de mise en forme de cette cellule. Cette fonctionnalité est également accessible en cliquant sur la flèche associée au bouton **Format**.*
- Cliquez sur le bouton **OK.**
- Cliquez sur le bouton **Format** de la ligne **Remplacer par** et sélectionnez dans la boîte de dialogue **Remplacer le format**, les formats concernés puis cliquez sur le bouton **OK.**
- Selon votre choix, effectuez les remplacements un par un en utilisant les boutons **Suivant** et **Remplacer** ou tous les remplacements à la fois en cliquant sur le bouton **Remplacer tout.**
- Cliquez sur le bouton **Fermer.**

Vous pouvez cumuler un remplacement de texte et de format ; dans ce cas, saisissez les textes dans la zone **Rechercher** et **Remplacer par** et choisissez les formats après avoir cliqué sur les boutons **Format**.

Trier les données d'un tableau selon un seul critère portant sur les valeurs

Excel Microsoft 365 permet de trier rapidement un tableau d'après les valeurs contenues dans l'une de ses colonnes.

- Sélectionnez, si besoin, les cellules à trier.

  Si tout le tableau doit être trié et si celui-ci ne contient pas de ligne ou de colonne vierge ou de cellules fusionnées, il n'est pas nécessaire d'effectuer une sélection.

- Cliquez dans une des cellules de la colonne en fonction de laquelle vous souhaitez trier ; si vous avez effectué une sélection, utilisez les touches ⇥ ou ⇧ ⇥ pour accéder à cette colonne.

- Cliquez sur le bouton **Trier et filtrer** de l'onglet **Accueil**, groupe **Édition** puis sur l'option **Trier de A à Z** pour trier dans un ordre croissant (de A à Z ou de 0 à 9) ou sur l'option **Trier de Z à A** pour trier dans un ordre décroissant (de Z à A ou de 9 à 0).

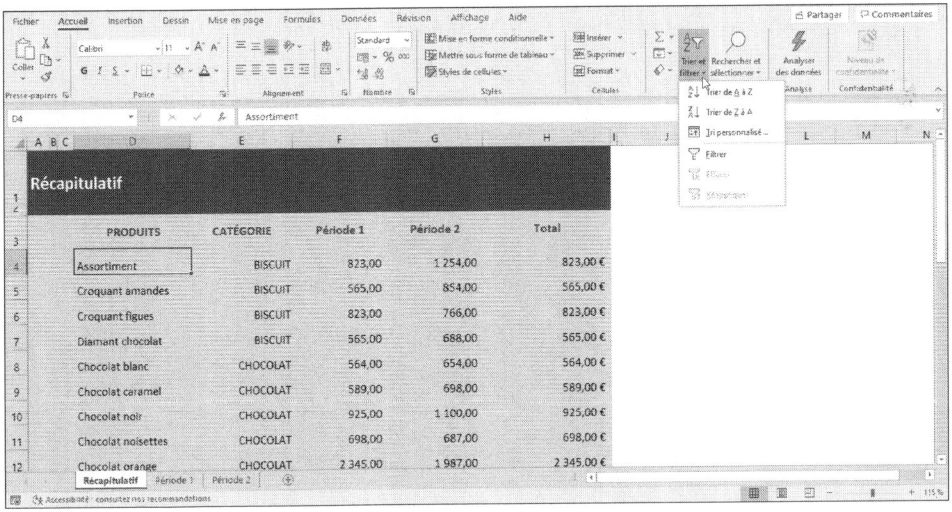

*Ces options portent des noms différents en fonction du contenu des cellules sélectionnées : **Trier de A à Z** ou **Trier de Z à A** pour du texte, **Trier du plus petit au plus grand** ou **Trier du plus grand au plus petit** pour des nombres ou **Trier du plus ancien au plus récent** ou **Trier du plus récent au plus ancien** pour des dates.*

Vous retrouvez les outils [A↓Z] et [Z↓A] dans le groupe **Trier et filtrer** de l'onglet **Données** ainsi qu'à partir des listes déroulantes d'un tableau de données.

Pour annuler un tri, vous pouvez cliquer sur l'outil **Annuler** [↶] de la barre d'outils **Accès rapide** ou utiliser le raccourci-clavier [Ctrl] **Z**.

Vérifier l'orthographe

Le vérificateur contrôle la feuille de calcul active, y compris le contenu des cellules, les commentaires de cellule, les graphiques, les zones de texte, les boutons, les en-têtes et pieds de page mais ne contrôle pas les feuilles protégées ni les formules ou le texte résultant d'une formule.

- Pour vérifier toute une feuille d'un classeur, activez seulement l'une de ses cellules. Pour vérifier une zone de texte, sélectionnez-la.
- Activez l'onglet **Révision** et cliquez sur le bouton **Orthographe** du groupe **Vérification** ou faites [F7].

  Excel lit le texte et s'arrête dès qu'un mot lui est inconnu. Un mot peut être inconnu s'il est absent du dictionnaire Excel ou saisi avec un emploi inhabituel de majuscules (exemple : NOus).

Cette vérification repose sur un dictionnaire principal (celui d'Excel) et autant de dictionnaires personnels que vous le souhaitez (par défaut le seul dictionnaire personnel existant est PERSO.DIC).

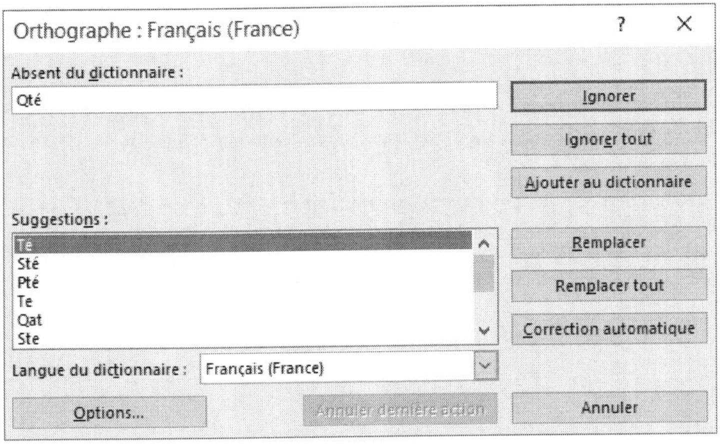

- Si le mot est correctement orthographié, cliquez sur le bouton :

Ignorer	Pour laisser le mot inchangé et poursuivre la vérification.
Ignorer tout	Pour "ignorer" le mot et toutes ses occurrences suivantes.
Ajouter au dictionnaire	Pour ajouter le mot dans le dictionnaire personnel actif.

- Si le mot est incorrect, vous pouvez le corriger en sélectionnant une des suggestions ou en saisissant la bonne orthographe dans la zone **Absent du dictionnaire** puis en cliquant sur :

Remplacer	Pour remplacer le mot erroné par le mot saisi.
Remplacer tout	Pour remplacer le mot et toutes ses occurrences par le mot saisi.

Vous pouvez aussi faire un double clic sur une des suggestions.

Lorsque la vérification est terminée, Excel vous le signale.

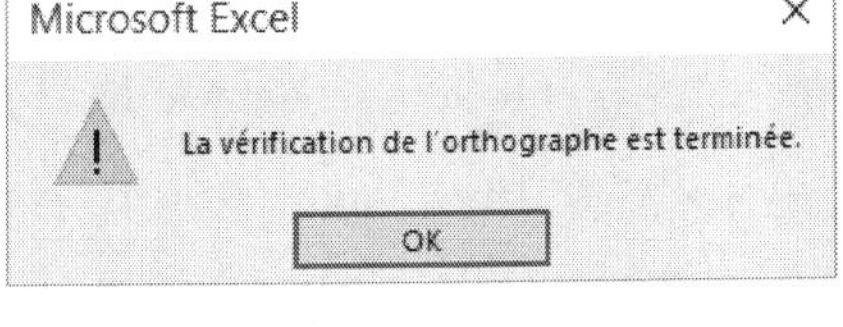

- Cliquez sur le bouton **OK**.

Utiliser et définir les corrections automatiques

La correction automatique corrige vos fautes habituelles en cours de saisie (ex : vous tapez toujours "magazin" au lieu de "magasin").

- Pour activer ou désactiver la correction automatique, cliquez sur l'onglet **Fichier** puis **Options**. Sélectionnez la catégorie **Vérification** et cliquez sur le bouton **Options de correction automatique**.

  Cochez ou décochez (selon le cas) l'option **Correction en cours de frappe**.
- Pour définir des corrections automatiques, saisissez le mot mal orthographié ou l'abréviation dans la zone **Remplacer** puis saisissez la bonne orthographe dans la zone de saisie **Par**.

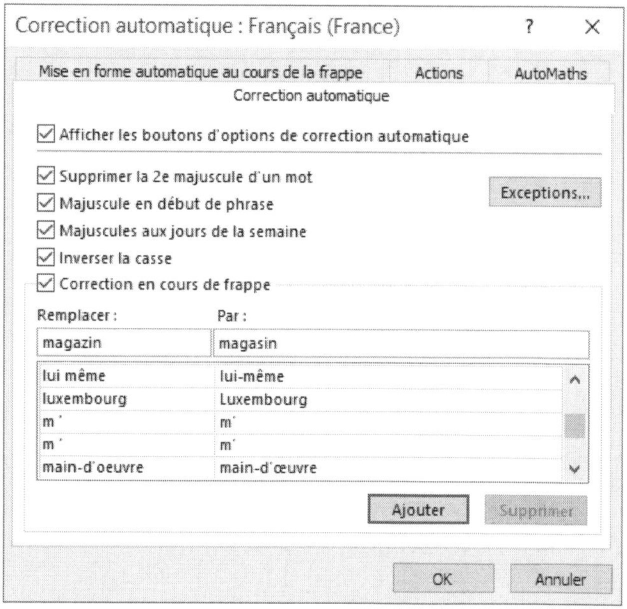

- Cliquez sur le bouton **Ajouter** pour définir une autre correction automatique.
- Validez ensuite en cliquant à deux reprises sur le bouton **OK**.

Découvrir le principe des formules de calcul

- Les formules de calcul effectuent des calculs sur les valeurs contenues dans une feuille de calcul.
- Une formule commence par un signe égal (=).
- Une formule peut contenir les éléments suivants :

  - des références de cellules,

  - des opérateurs :

    les opérateurs mathématiques :

    + pour l'addition

    - pour la soustraction

    / pour la division

    * pour la multiplication

    % pour le calcul d'un pourcentage (ex : =5% donne le résultat 0,05)

    ^ pour l'élévation à la puissance (ex : =2^3 donne le résultat 8)

    les opérateurs de comparaison ; le résultat est une valeur logique : VRAI ou FAUX :

    = égal à (ex : =30=40 donne le résultat FAUX)

    < inférieur à (ex : =28<35 donne le résultat VRAI)

    <= inférieur ou égal à

    > supérieur à

    >= supérieur ou égal à

    <> différent de

    un opérateur de concaténation de texte : & concatène des chaînes de caractères (ex : ="Ouest"&" et "&"Nord" donne le résultat "Ouest et Nord").

    les opérateurs de référence permettent de combiner des plages de cellules :

    : (deux-points) ex : B1:C4 représente le bloc de cellules B1 à C4.

    ; (point-virgule) ex : B1;C4 représente la cellule B1 et la cellule C4.

  - des constantes, c'est-à-dire des valeurs qui ne sont pas calculées et donc ne changent pas (par exemple, le nombre 1210 ou le texte "Totaux trimestriels" sont des constantes).

- des fonctions de calcul sont des formules pré-écrites qui permettent d'effectuer une opération de calcul ; par exemple, la fonction MOYENNE calcule la moyenne d'un ensemble de cellules.

Créer une formule de calcul simple

Il s'agit d'élaborer un calcul intégrant des références de cellules, des opérateurs de calcul et/ou des constantes.

- Cliquez dans la cellule où vous souhaitez afficher le résultat de la formule.
- Saisissez le signe égal =
- Construisez la formule en tenant compte des informations suivantes :
  - pour intégrer le contenu d'une cellule, cliquez sur la cellule en question ou saisissez sa référence (par exemple, C4) ;
  - pour intégrer un opérateur de calcul ou une constante, saisissez la donnée correspondante (par exemple * pour multiplier) ;
  - si vous utilisez plusieurs opérateurs, définissez, si besoin, des priorités afin de regrouper des valeurs en utilisant les parenthèses.

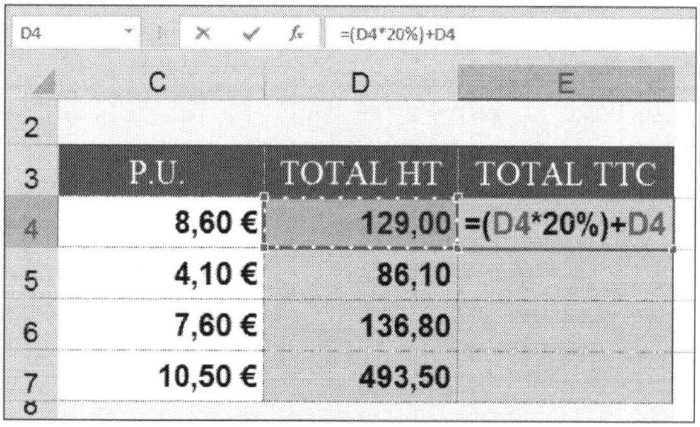

Vous suivez l'évolution de la formule dans la barre de formule ; la formule ci-dessus permet de calculer le montant TTC d'un article.

- Validez la formule en appuyant sur la touche ou en cliquant sur l'outil de la barre de formule.

Les formules de calcul sont, par défaut, automatiquement recalculées lorsque vous modifiez les valeurs intervenant dans les formules. Pour bloquer ce recalcul automatique, activez l'option **Manuel** du bouton **Options de calcul** (onglet **Formules** - groupe **Calcul**) (vous accédez aussi aux **Options de calcul** dans les **Options Excel** : onglet **Fichier** - **Options** - **Formules** - zone **Mode de calcul**). Si vous désactivez le mode de calcul automatique, pour relancer le recalcul manuellement du classeur entier, utilisez l'outil **Calculer maintenant** (ou F9) et pour calculer manuellement la feuille active, utilisez l'outil **Calculer la feuille** (ou ⇧ F9) de l'onglet **Formules** - groupe **Calcul**).

Lorsque vous modifiez une formule de calcul, les références des cellules qui la composent apparaissent de couleurs différentes dans la barre de formule ; dans la feuille de calcul, chaque cellule ou plage de cellules concernée par la formule est encadrée d'une bordure de même couleur.

N'oubliez pas que, pour recopier une formule sur des cellules adjacentes, vous pouvez utiliser la poignée de recopie, située dans le coin inférieur droit de la cellule active en la faisant glisser sur les cellules ou en double cliquant sur la poignée si les cellules de la colonne de gauche contiennent des données (cf. chapitre Copies et déplacements - Copier un contenu vers des cellules adjacentes).

Rendre absolue une référence de cellule dans une formule

Cette technique permet de fixer la référence d'une cellule dans une formule de façon à ce que cette référence ne se modifie pas lors de la recopie de la formule.

- Commencez à saisir la formule et arrêtez-vous lorsque la cellule concernée par la référence absolue est sélectionnée.
- Appuyez sur la touche F4.

La référence de la cellule présente maintenant le caractère $ devant la lettre de colonne et devant le numéro de ligne.

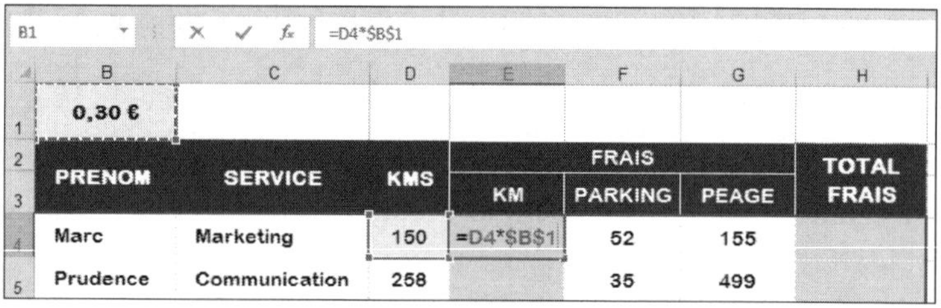

Lorsque vous appuyez sur la touche F4*, vous obtenez une référence absolue de cellule ; si vous appuyez sur* F4 *une seconde fois, seule la référence de la ligne devient absolue ; si vous appuyez sur* F4 *une troisième fois, c'est alors la référence de la colonne qui devient absolue.*

- Appuyez sur la touche F4 autant de fois que nécessaire afin de rendre absolu l'élément souhaité.
- Au besoin, terminez la saisie de la formule puis validez.

Dans notre exemple, nous avons recopié la cellule E4 sur les cellules E5 à E10 ; notez que la référence absolue (B1) est restée fixe dans les différentes formules contrairement aux autres cellules. Sur cet exemple, seule la référence de la ligne pourrait être fixée car la recopie se fait vers le bas.

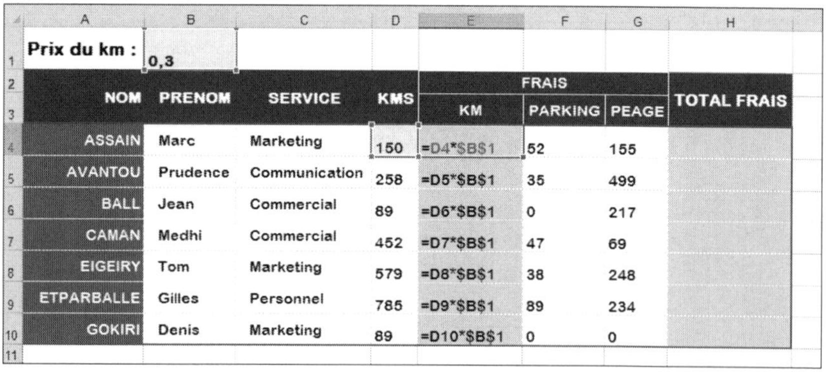

Pour illustrer cette fonctionnalité, nous avons affiché les formules au lieu des résultats dans les cellules (outil **Afficher les formules** de l'onglet **Formules** - groupe **Vérification des formules**).

Pour utiliser une référence absolue dans une formule, vous pouvez au préalable nommer la cellule et faire référence à cette cellule dans la formule de calcul.

Saisir une formule multifeuille

Cette technique permet d'insérer dans une feuille une formule (appelée formule 3D) faisant référence à des cellules d'une ou plusieurs autres feuilles.

- Activez la cellule où vous souhaitez afficher le résultat.
- Saisissez le signe =
- Commencez la formule et, au moment désiré, cliquez sur l'onglet de la feuille concernée puis sélectionnez la ou les cellules de votre choix, terminez la formule.
- Validez.

Ici, la cellule E3 additionne le contenu des cellules E3 des feuilles "Semestre 1" et "Semestre 2".

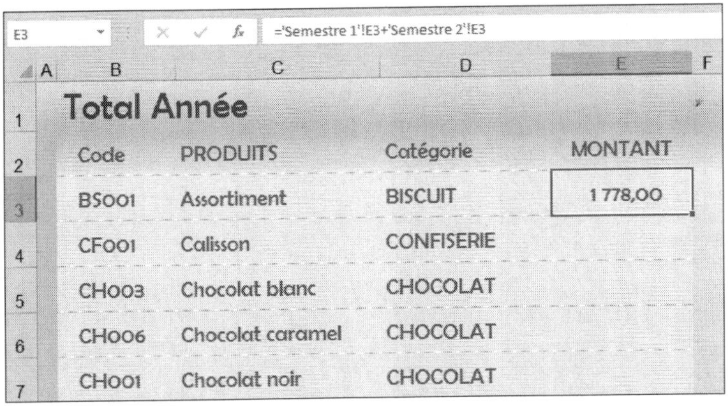

Vous pouvez également effectuer des formules multiclasseurs ; dans ce cas, tous les classeurs intervenant dans le calcul doivent être ouverts. Pour atteindre une cellule d'une feuille d'un autre classeur, utilisez le bouton **Changer de fenêtre** de l'onglet **Affichage** (ou l'icône du fichier dans la barre des tâches), afin d'activer le classeur correspondant.

Utiliser les fonctions de calcul

- Activez la cellule où vous souhaitez afficher le résultat.
- Cliquez sur l'outil **Insérer une fonction** [fx] situé dans la barre de formule ou dans l'onglet **Formules**, ou faites [⇧][F3].
- Dans la boîte de dialogue **Insérer une fonction**, utilisez la liste déroulante **Ou sélectionnez une catégorie** si vous souhaitez afficher une catégorie particulière de fonctions.

  *La catégorie **Les dernières utilisées** affiche la liste des dernières fonctions que vous avez utilisées ainsi que les plus courantes. La catégorie **Toutes** affiche toutes les fonctions disponibles.*
- Pour rechercher une fonction particulière, vous pouvez saisir dans la zone **Recherchez une fonction**, soit le nom exact de la fonction, soit une description de l'utilisation que vous souhaitez en faire ; validez ensuite la recherche par le bouton **Rechercher** ou par la touche [↵].
- Cliquez sur la fonction recherchée dans le cadre **Sélectionnez une fonction** pour la sélectionner.

  Lorsqu'une fonction est sélectionnée, la syntaxe de la fonction ainsi qu'une description s'affichent en dessous du cadre.

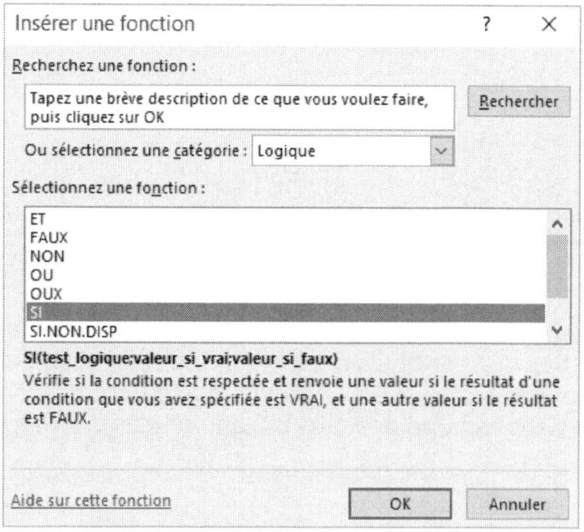

- Si nécessaire, cliquez sur le lien **Aide sur cette fonction** pour afficher l'aide de Excel sur la fonction sélectionnée.
- Cliquez sur le bouton **OK** pour activer la boîte de dialogue **Arguments de la fonction.**
- Pour définir chaque argument de la fonction :
  - cliquez dans la zone de saisie correspondante puis cliquez sur le bouton,
  - sélectionnez dans la feuille de calcul, la ou les cellules correspondant à l'argument,
  - cliquez sur le bouton pour afficher de nouveau la boîte de dialogue.

Vous pouvez également saisir directement un argument.

*La fonction SI permet de créer une formule conditionnelle : dans cet exemple, si la valeur de la cellule C4 est supérieure ou égale à 1000, le texte **Budget dépassé** apparaîtra dans la cellule ; sinon c'est le texte **Budget ok** qui apparaîtra.*

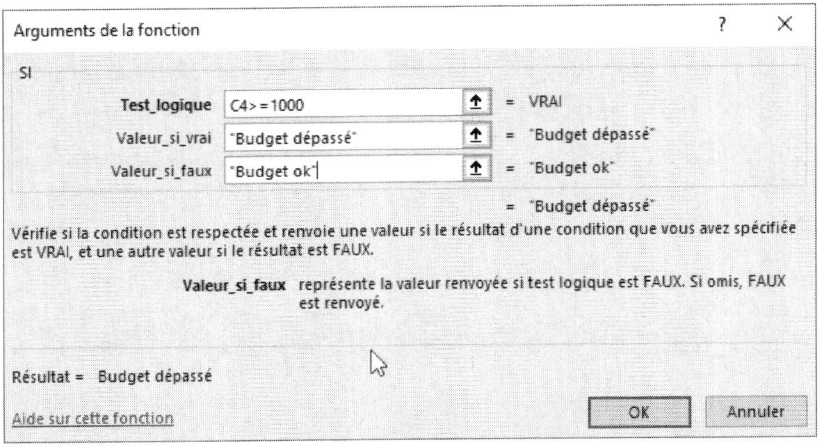

- Cliquez sur le bouton **OK** lorsque tous les arguments ont été définis.

Vous pouvez insérer une fonction à l'intérieur d'une formule ou d'une autre fonction ; dans ce cas, commencez la formule, et au moment désiré, cliquez sur (de la zone **Nom**, située à gauche de la barre de formule) pour afficher une liste contenant les dernières fonctions utilisées ainsi que l'option **Autres fonctions** pour accéder à la liste complète des fonctions ; vous pouvez aussi utiliser le bouton **Récentes** du groupe **Bibliothèque de fonctions** de l'onglet **Formules**.

Pour insérer des fonctions en utilisant l'Assistant, vous pouvez aussi activer l'onglet **Formules** et cliquer sur l'un des boutons du groupe **Bibliothèque de fonctions** (qui regroupent les fonctions par type) puis cliquer sur la fonction concernée.

Utiliser la saisie semi-automatique de fonction

*Cette manipulation vous permet de saisir vous-même une fonction, sans passer par l'**Assistant Fonction**, tout en étant aidé par Excel afin de limiter les erreurs de syntaxe et les fautes de frappe.*

- Activez la cellule dans laquelle vous souhaitez afficher le résultat de la formule.
- Saisissez le signe = (égal) et les premières lettres de la fonction.

Dès la saisie de la première lettre, Excel affiche la liste des fonctions commençant par cette lettre.

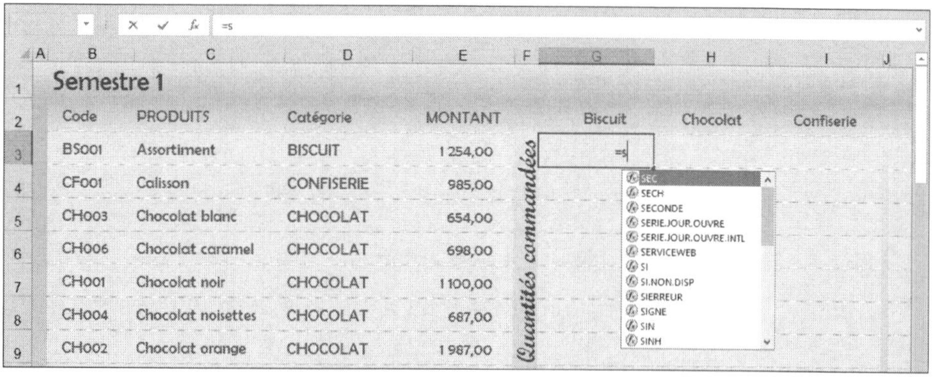

- Continuez de saisir le nom de la fonction ou faites un double clic sur le nom qui apparaît dans la liste puis indiquez les arguments.

  Au fur et à mesure de la saisie, des info-bulles vous guident dans l'élaboration de la formule.

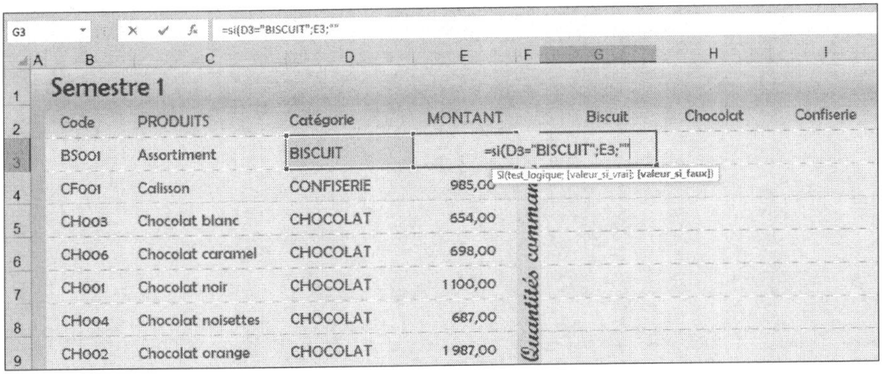

- N'oubliez pas de terminer la formule par la saisie du signe) puis validez en appuyant sur la touche ↵.

Additionner un ensemble de cellules

- Activez la cellule où vous souhaitez afficher la somme des valeurs.

- Cliquez sur l'outil **Somme automatique** Σ du groupe **Édition** de l'onglet **Accueil** ou utilisez le raccourci [Alt] =.

  Vous retrouvez ce bouton dans l'onglet ***Formules*** *- groupe* ***Bibliothèque de fonctions****.*

  Excel affiche une fonction intégrée appelée SOMME() et propose d'additionner par défaut le groupe de cellules situé au-dessus ou à gauche de la cellule du résultat (ici E3 à E11).

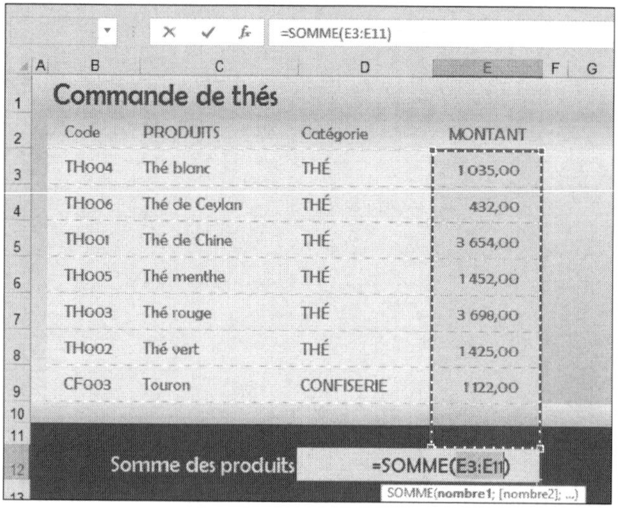

- Si la sélection des cellules n'est pas satisfaisante, modifiez-la à l'aide d'un cliqué-glissé sur les cellules concernées.
- Validez par la touche ↵ ou cliquez sur l'outil **Entrer** ✓.

Lorsque vous sélectionnez une plage de cellules contenant des valeurs numériques, Excel affiche, entre autres, la somme de ces valeurs dans la barre d'état.

Utiliser les fonctions statistiques simples

- Activez la cellule où vous souhaitez afficher le résultat statistique.
- Ouvrez la liste de l'outil Σ du groupe **Édition** de l'onglet **Accueil** ; vous pouvez aussi ouvrir la liste associée au bouton **Somme automatique** du groupe **Bibliothèque de fonctions** de l'onglet **Formules.**
- Cliquez sur la fonction désirée :

Moyenne Calcule la moyenne d'un ensemble de cellules contenant des valeurs numériques.

NB Calcule le nombre de cellules contenant des valeurs numériques dans un ensemble de cellules.

Max. Extrait la valeur maximale d'un ensemble de cellules contenant des valeurs numériques.

Min. Extrait la valeur minimale d'un ensemble de cellules contenant des valeurs numériques.

Excel affiche la fonction correspondant à votre choix et sélectionne un groupe de cellules adjacentes.

- Si la sélection des cellules n'est pas satisfaisante, modifiez-la en cliquant sur une cellule pour la sélectionner ou en effectuant un cliqué-glissé pour sélectionner une plage de cellules.

- Appuyez sur la touche ↵ ou cliquez sur l'outil ✓ pour valider la formule de calcul.

Lorsque vous sélectionnez une plage de cellules contenant des valeurs numériques, vous visualisez sur la barre d'état, outre leur somme, la moyenne de ces valeurs ; vous visualisez aussi, pour n'importe quelle sélection, le nombre de cellules non vides ; pour visualiser d'autres résultats de fonction, cliquez avec le bouton droit de la souris sur la barre d'état et choisissez parmi les fonctions proposées (**Nb (nombres)**, **Minimum** ou **Maximum**).

Copier un contenu vers des cellules adjacentes

Cette technique permet de recopier rapidement du texte ou une formule de calcul.

- Activez la cellule à recopier.
- Pointez la poignée de recopie de la cellule.

Cette poignée correspond au petit carré vert situé en bas à droite de la cellule active.

Le pointeur de la souris se matérialise en croix + lorsqu'il est situé sur cette poignée.

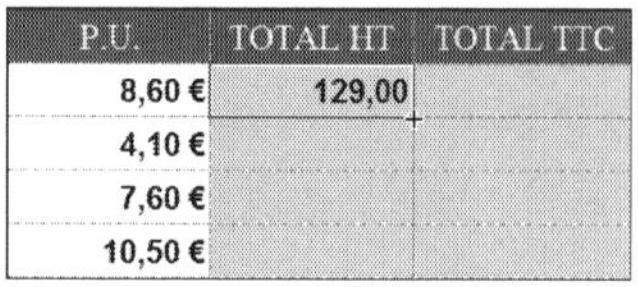

- Cliquez, et sans relâcher le bouton de la souris, faites glisser celle-ci en direction de la dernière cellule destinatrice de la copie.

Les cellules ainsi "balayées" apparaissent encadrées.

- Quand la dernière cellule destinatrice est atteinte, relâchez le bouton de la souris.

Juste après avoir effectué la copie, le bouton apparaît dans le coin inférieur droit de la plage de cellules copiée.

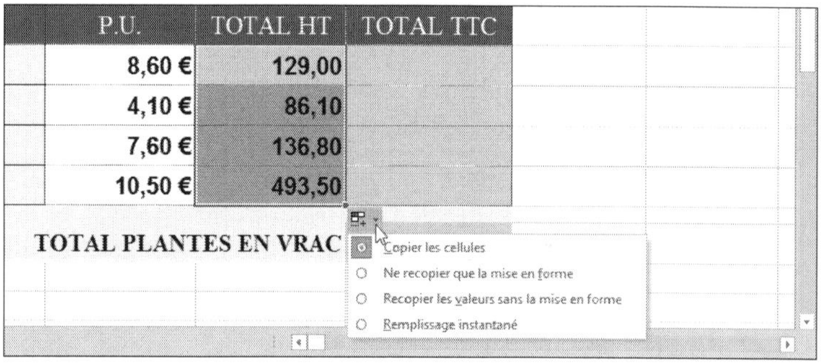

- En cliquant sur ce bouton, vous pouvez, si besoin, modifier le type de copie et choisir ainsi l'option **Ne recopier que la mise en forme**, **Recopier les valeurs sans la mise en forme** ou bien **Remplissage instantané** (cf. chapitre Saisie et modification des données - Utiliser le remplissage instantané pour compléter une colonne).

Si la colonne située à gauche des cellules destinatrices de la copie contient des données, vous pouvez alors double cliquer sur la poignée de recopie afin que la copie s'effectue sur le même nombre de cellules pleines situées à gauche. Cette méthode est très intéressante lorsque vous travaillez sur des tableaux qui possèdent un grand nombre de lignes.

Copier/déplacer des cellules

La technique concernant la copie fait référence à une duplication vers des cellules non adjacentes.

Par cliqué-glissé

Cette technique est surtout utilisée lorsque vous pouvez visualiser en même temps les cellules à transférer et le lieu de destination.

- Sélectionnez les cellules à transférer.
- Pointez l'un des bords de la sélection.

La souris prend alors l'apparence d'une flèche. Attention, ne pointez pas la poignée de recopie.

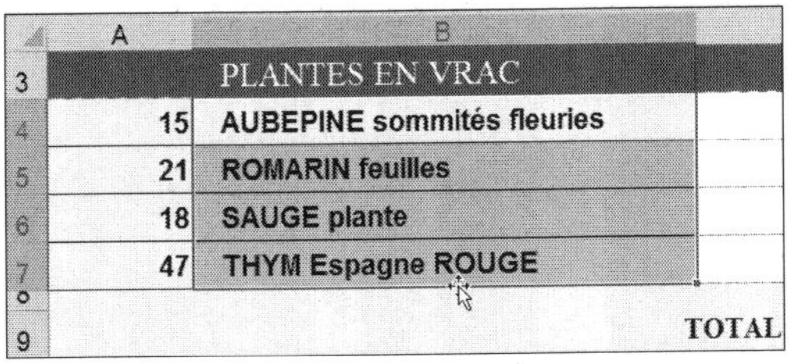

- S'il s'agit d'une recopie, appuyez sur la touche Ctrl et, sans la relâcher, faites un cliqué-glissé vers le lieu de la duplication.

Au cours du cliqué-glissé, le symbole + apparaît alors à droite du pointeur de la souris.

S'il s'agit d'un déplacement de cellules, réalisez un cliqué-glissé vers le lieu de destination.

- Relâchez le bouton de la souris puis éventuellement la touche Ctrl.

Le contenu ainsi que la mise en forme des cellules sont ainsi déplacés ou copiés.

Par le Presse-papiers

- Sélectionnez les cellules à transférer.
- Activez l'onglet **Accueil**.
- S'il s'agit de copier les cellules, cliquez sur l'outil **Copier** du groupe **Presse-papiers** ou utilisez le raccourci Ctrl **C**.

  S'il s'agit de déplacer les cellules, cliquez sur l'outil **Couper** ou utilisez le raccourci Ctrl **X**.

  La sélection apparaît entourée de tirets clignotants.
- Activez la première cellule de destination.

  Même si plusieurs cellules sont copiées ou déplacées, seule une cellule de destination doit être sélectionnée.

  Cliquez sur le bouton **Coller** ou utilisez le raccourci Ctrl **V**.

  Le contenu des cellules (valeurs, formule, date...), mais aussi le format, les éventuels commentaires, sont ainsi copiés ou déplacés. En bas à droite de la plage de cellules copiée apparaît un bouton ***Options de collage*** (Ctrl) *qui permet de définir les données à coller ; les options disponibles sont présentées sous forme d'icônes et varient selon le type de données collées. Pour en savoir plus sur les options de collage, vous pouvez vous référer aux titres Utiliser le volet Presse-papiers ou Copier contenu, résultat et/ou format de cellules, un peu plus loin dans ce chapitre.*
- Si besoin, cliquez sur ce bouton et activez l'option de votre choix.

  La sélection d'origine clignote toujours : vous pouvez la coller à d'autres emplacements, si besoin. Lorsque le clignotement s'arrête, il n'est plus possible de coller la sélection.

Copier des cellules vers d'autres feuilles

- Sélectionnez les cellules à copier.
- Sélectionnez les feuilles destinatrices de la copie, pour cela maintenez la touche Ctrl enfoncée et cliquez sur les onglets de ces feuilles.
- Dans l'onglet **Accueil** - groupe **Édition**, ouvrez la liste associée à l'outil **Remplissage** puis activez l'option **Dans toutes les feuilles de calcul.**

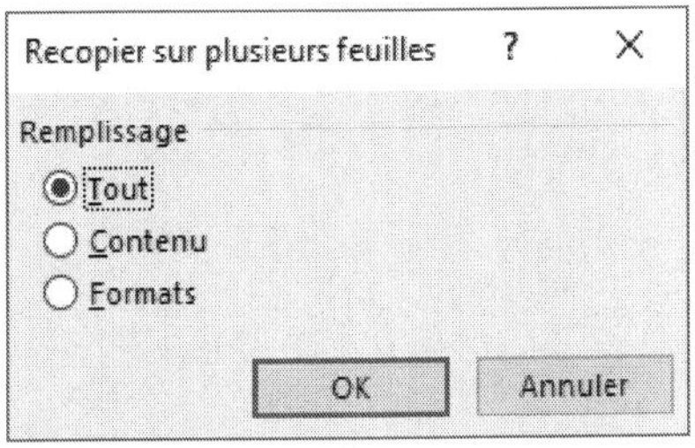

- Selon votre choix, choisissez de **Tout** copier ou de copier seulement le **Contenu** ou les **Formats.**
- Validez par le bouton **OK.**

Pour copier un groupe de cellules vers une autre feuille, vous pouvez aussi utiliser la première méthode du titre précédent : tout en maintenant les touches Ctrl et Alt enfoncées, faites glisser la sélection sur l'onglet de la feuille concernée puis vers la première cellule de destination.

Utiliser le volet Presse-papiers

Le volet Presse-papiers permet d'effectuer des copies et déplacements multiples.

Afficher/masquer le volet Presse-papiers

- Pour afficher le volet **Presse-papiers**, cliquez sur le **lanceur de boîte de dialogue** du groupe **Presse-papiers** de l'onglet **Accueil**.
- Pour masquer le volet **Presse-papiers**, cliquez sur x situé à droite de la barre de titre du volet.

Définir les options du volet Presse-papiers

- Cliquez sur le bouton **Options** situé tout en bas du volet **Presse-papiers**.

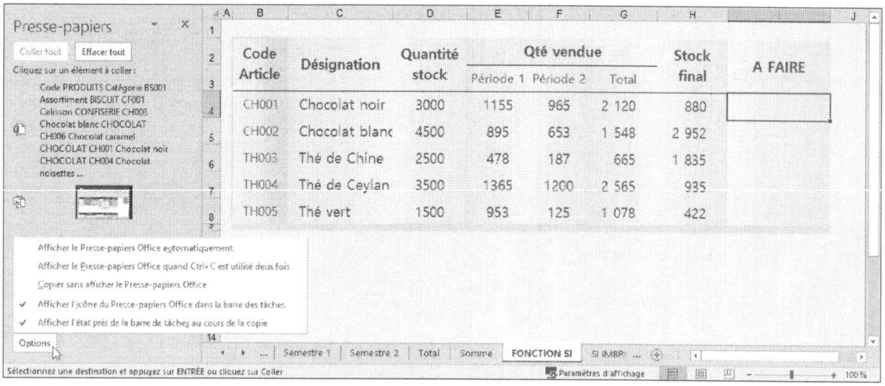

Les options "cochées" sont activées.

- Cochez la ou les options de votre choix :

  Afficher le Presse-papiers Office automatiquement pour que le volet **Presse-papiers** s'affiche lors de la copie d'éléments.

  Afficher le Presse-papiers Office quand Ctrl+C est utilisé deux fois pour que le volet Presse-papiers s'affiche dès que le raccourci-clavier [Ctrl] **C** (Copie) est utilisé à deux reprises.

  Copier sans afficher le Presse-papiers Office pour copier automatiquement les éléments vers le Presse-papiers sans afficher le volet.

  Afficher l'icône du Presse-papiers Office dans la barre des tâches pour afficher l'icône **Presse-papiers Office**  dans la zone de notification à droite de la barre des tâches lorsque le Presse-papiers Office est activé.

  Afficher l'état près de la barre de tâches au cours de la copie pour que le message relatif aux éléments copiés s'affiche :

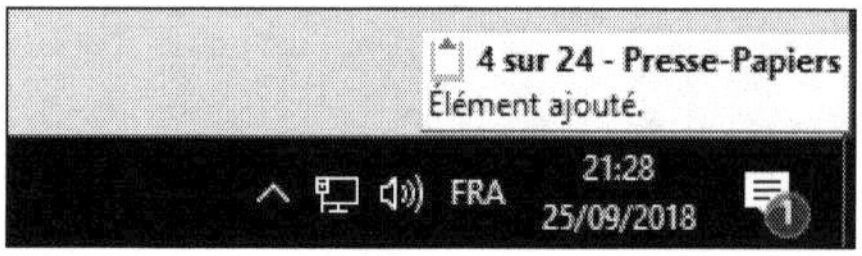

- Pour masquer les options, appuyez sur [Echap].

Effectuer des copies/déplacements multiples

- Affichez le volet **Presse-papiers.**
- Sélectionnez les cellules ou l'objet concerné puis transférez-les dans le Presse-papiers à l'aide des outils **Copier** ou **Couper** du groupe **Presse-papiers.** Effectuez cette opération pour chaque élément à copier ou à déplacer.

  *Vous visualisez dans le volet **Presse-papiers** une partie du contenu des éléments coupés ou copiés (24 maximum). Le Presse-papiers contient tous les éléments coupés ou copiés des différentes applications Office (Excel, Word, PowerPoint...).*

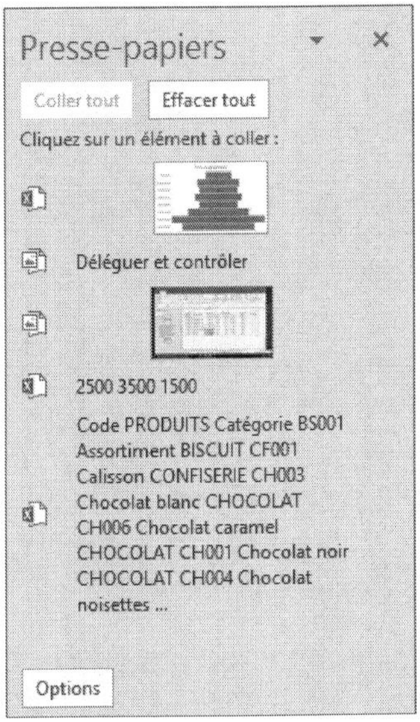

- Activez la première cellule de destination.
- Pour coller une des sélections situées dans le **Presse-papiers**, cliquez sur l'élément correspondant.

  *Le bouton **Options de collage** (Ctrl) situé en bas à droite de l'élément ainsi "collé" vous permet d'accéder rapidement à certaines options. Celles-ci varient selon le type d'élément copié (image, texte, graphique...).*

  Pour accéder aux **Options de collage**, cliquez sur le bouton (Ctrl) puis sur l'option de votre choix représentée sous forme d'icônes.

La saisie/modification des données

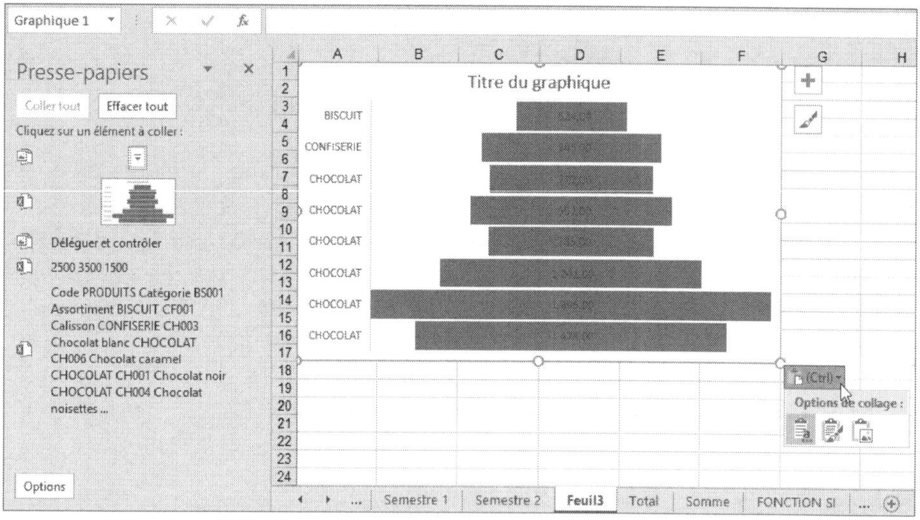

- Insérez ainsi chacun des éléments du volet **Presse-papiers** autant de fois que vous le souhaitez.

  *Lorsque vous pointez un élément dans le volet **Presse-papiers**, vous visualisez une flèche à droite de celui-ci. Si vous cliquez sur cette flèche, vous ouvrez une liste qui vous permet de **Coller** ou de **Supprimer** l'élément.*

- Pour vider le Presse-papiers, cliquez sur le bouton **Effacer tout** du volet **Presse-papiers**.
- Si besoin, fermez le volet Presse-papiers en cliquant sur le bouton X.

Le bouton **Coller tout** du volet **Presse-papiers** permet de coller tous les éléments. Ils seront alors copiés en colonne (du haut vers le bas). Ce bouton n'est pas accessible si un des éléments est une image ou un objet.

Si vous ne souhaitez pas afficher le bouton (Ctrl) à chaque "collage" de cellules, décochez l'option **Afficher le bouton Options de collage lorsqu'un contenu est collé** (onglet **Fichier** - **Options** - catégorie **Options avancées** - zone **Couper, copier et coller**).

Copier une mise en forme

Cette technique vous permet de copier la mise en forme (police, couleur, bordures...) d'une plage de cellules sur une autre.

- Sélectionnez la ou les cellules qui contiennent les mises en forme à copier.
- Cliquez sur l'outil **Reproduire la mise en forme** situé dans le groupe **Presse-papiers** de l'onglet **Accueil**.

  Le pointeur de la souris prend la forme suivante : .
- Sélectionnez les cellules sur lesquelles vous souhaitez appliquer la mise en forme.

Vous pouvez aussi effectuer une copie de mise en forme en utilisant l'outil **Mise en forme** situé dans la liste associée au bouton **Coller** (cf. Copier contenu, résultat et/ou format de cellules).

Si le format doit être copié plusieurs fois, faites un double clic sur l'outil . Effectuez les copies en sélectionnant successivement les cellules souhaitées puis appuyez sur la touche Echap pour désactiver l'outil.

Copier contenu, résultat et/ou format de cellules

Par défaut, Excel copie l'intégralité des cellules (valeurs ou formules, mise en forme et commentaires). Mais, vous pouvez choisir ce qu'il faut copier avant de coller les données.

- Sélectionnez les cellules à copier.
- Cliquez sur l'outil **Copier** du groupe **Presse-papiers** de l'onglet **Accueil**.
- Activez la première cellule de destination de la copie.
- Ouvrez la liste associée au bouton **Coller** .

- Pointez l'icône correspondant au type de copie à réaliser afin d'afficher son libellé dans une info-bulle et obtenir un aperçu du résultat du collage dans la cellule de destination.

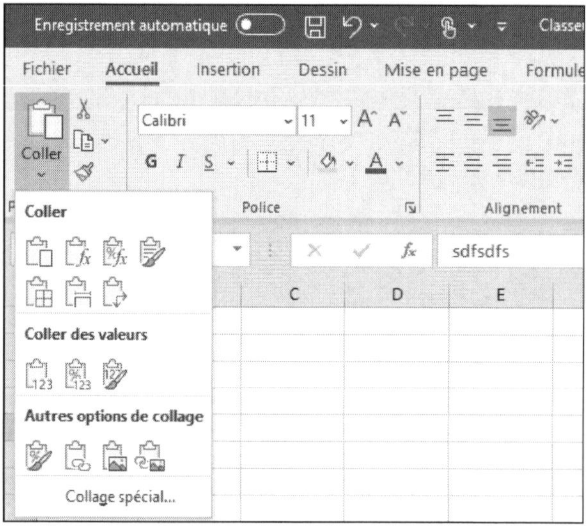

Les icônes de la catégorie **Coller des valeurs** vous permettent par exemple de coller uniquement (avec ou sans les mises en forme) la valeur résultante d'une formule d'une autre feuille de calcul mais sans la formule.

Les icônes de la catégorie **Coller** permettent de coller des formats ou des formules de cellules. Par exemple, l'icône  permet de **Conserver les largeurs de colonnes sources** pour que les données copiées n'utilisent pas les paramètres de largeur de colonne des cellules cibles. Et l'icône  permet de conserver la **Mise en forme des formules et des nombres.**

- Cliquez ensuite sur l'icône de votre choix pour effectuer le collage.

Vous pouvez aussi utiliser l'option **Collage spécial** pour sélectionner le type d'élément à coller.

Activer une feuille

Nous vous rappelons que chaque classeur est composé de feuilles de calcul représentées par des onglets.

- Grâce aux boutons de défilement d'onglets, visualisez le nom de la feuille à atteindre :

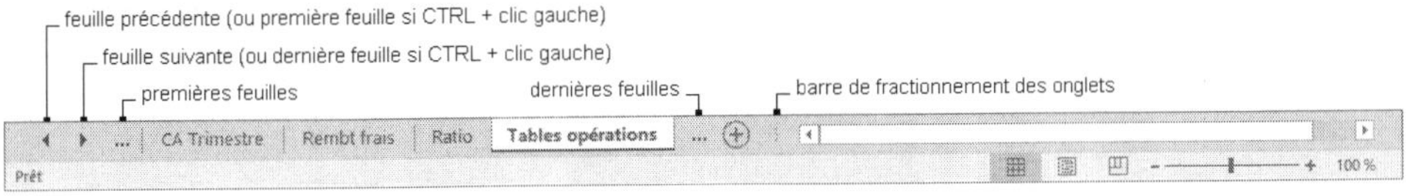

- Pour afficher tous les onglets faites un clic droit sur l'outil ◄ ou sur ►.
  Double cliquez ensuite sur l'onglet de la feuille à atteindre.
- Au clavier, utilisez les touches Ctrl pour atteindre la feuille suivante ou les touches Ctrl pour la feuille précédente.

Vous pouvez modifier l'espace réservé aux onglets de feuille en faisant glisser la barre de fractionnement des onglets située à gauche de la barre de défilement horizontale.

Pour modifier le nombre de feuilles insérées par défaut dans les nouveaux classeurs, ouvrez la boîte de dialogue **Options Excel** (onglet **Fichier** - **Options**) puis, dans la catégorie **Général**, précisez le nombre de feuilles souhaité dans la zone **Inclure ces feuilles** du cadre **Lors de la création de classeurs**.

Renommer une feuille

- Faites un double clic sur l'onglet de la feuille à renommer puis saisissez le nouveau nom.

  Ce nom ne peut pas dépasser 31 caractères (espaces compris) ; certains caractères ne peuvent pas être utilisés : deux-points (:), barre oblique (/ ou \), point d'interrogation (?), astérisque (*)...
- Validez en appuyant sur la touche ↵.

Vous pouvez aussi utiliser le menu contextuel de l'onglet de la feuille puis l'option **Renommer**.

Sélectionner des feuilles

- Pour sélectionner une seule feuille, cliquez sur son onglet ; la feuille est alors activée.
- Pour sélectionner plusieurs feuilles adjacentes, cliquez sur l'onglet de la première feuille à sélectionner, maintenez la touche ⇧ enfoncée puis cliquez sur l'onglet de la dernière feuille à sélectionner.
- Pour sélectionner plusieurs feuilles non adjacentes, cliquez sur l'onglet de la première feuille à sélectionner, maintenez la touche Ctrl enfoncée puis cliquez sur les onglets des autres feuilles.
- Pour sélectionner toutes les feuilles, cliquez avec le bouton droit de la souris sur un des onglets et cliquez sur **Sélectionner toutes les feuilles.**

  Le nom des onglets sélectionnés apparaît alors en gras.

  Lorsque plusieurs feuilles sont sélectionnées, le terme **Groupe** *apparaît après le nom du classeur, sur la barre de titre ; on parle de groupe de travail car chaque modification réalisée sur la feuille active est répercutée sur toutes les feuilles du groupe.*

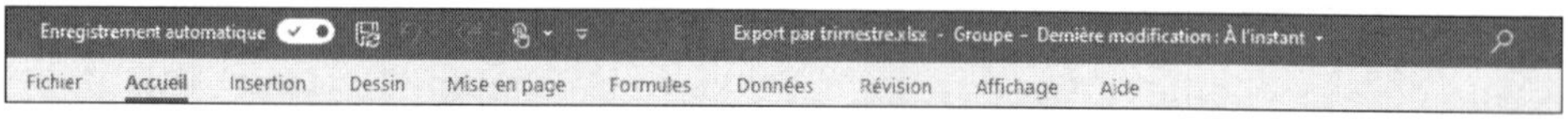

- Pour désactiver le groupe de travail, et ainsi sélectionner ou activer une seule feuille, cliquez sur l'onglet d'une feuille ne faisant pas partie du groupe de travail ou affichez le menu contextuel d'un onglet (clic droit) et activez l'option **Dissocier les feuilles.**

  Si toutes les feuilles du classeur sont sélectionnées, le fait de cliquer sur un des onglets désactive le groupe.

Modifier la couleur des onglets

- Si plusieurs onglets sont concernés, sélectionnez les feuilles correspondantes.
- Affichez le menu contextuel de l'onglet (clic droit) et pointez l'option **Couleur d'onglet** puis cliquez sur la couleur voulue ; l'option **Autres couleurs** permet d'ouvrir une boîte de dialogue afin de créer une couleur personnalisée.

Lorsque la feuille est active, seul son nom apparaît souligné par un trait de couleur ; lorsque la feuille est inactive, l'onglet entier est coloré.

Pour enlever la couleur d'un onglet, affichez son menu contextuel, pointez l'option **Couleur d'onglet** et activez l'option **Aucune couleur.**

Afficher/masquer une feuille

- Pour masquer une ou plusieurs feuilles, sélectionnez la ou les feuilles concernées. Affichez le menu contextuel d'un onglet sélectionné (clic droit) et choisissez l'option **Masquer**.
- Pour afficher une feuille masquée, affichez le menu contextuel d'un onglet quelconque et choisissez l'option **Afficher**.

  Le nom des feuilles masquées apparaît dans la boîte de dialogue qui s'affiche :

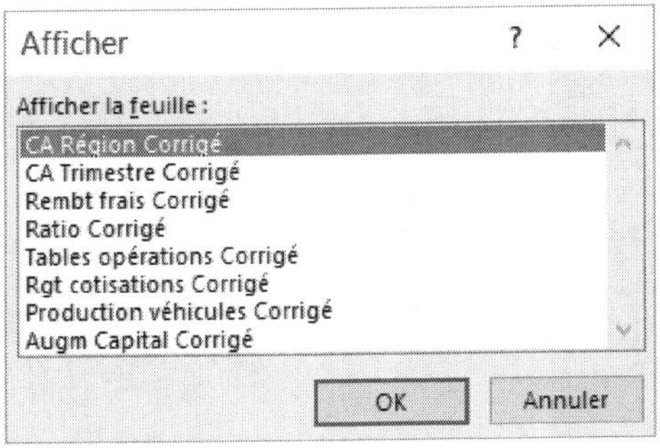

- Faites un double clic sur le nom de la feuille à afficher ou cliquez sur son nom puis sur le bouton **OK**.
- Refaites la même manipulation pour chaque feuille à afficher.

Afficher une image en arrière-plan de la feuille

Microsoft Excel vous permet d'afficher une image dans le fond d'une feuille ; cet arrière-plan ne peut pas être imprimé.

- Activez la feuille concernée puis l'onglet **Mise en page**.
- Cliquez sur le bouton **Arrière-plan** du groupe **Mise en page**.

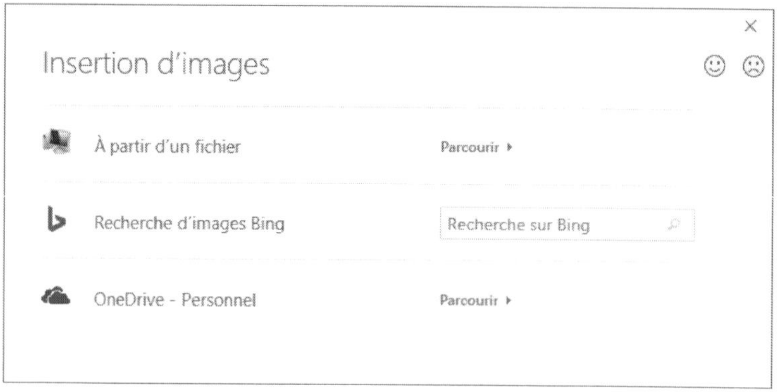

- En fonction de l'emplacement de l'image, choisissez une des options suivantes :
  À partir d'un fichier si l'image est stockée sur votre ordinateur ou en réseau local.
  Recherche d'images Bing pour effectuer une recherche sur le web.
  OneDrive (ou autre espace en ligne) si l'image est stockée dans votre espace OneDrive ou un autre emplacement en ligne.
- Faites un double clic sur le nom de l'image.

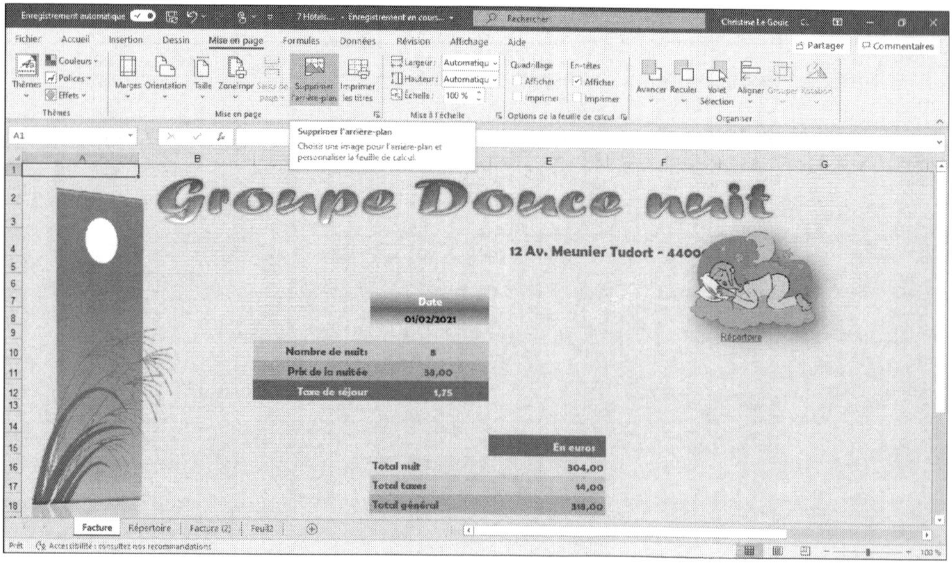

*Remarquez que le bouton **Arrière-plan** du groupe **Mise en page** a été remplacé par le bouton **Supprimer l'arrière-plan**.*

Pour supprimer l'arrière-plan de la feuille, activez, si besoin, l'onglet **Mise en page** puis cliquez sur le bouton **Supprimer l'arrière-plan** du groupe **Mise en page**.

Déplacer/copier une ou plusieurs feuilles

Dans le classeur actif

- Sélectionnez la ou les feuilles à transférer.
- Pour déplacer les feuilles, pointez un des onglets de la sélection et réalisez un cliqué-glissé vers la nouvelle position.

  La nouvelle position est symbolisée par un petit triangle noir.
- Pour copier les feuilles, réalisez la même manipulation tout en maintenant la touche Ctrl enfoncée.

D'un classeur vers un autre

- Ouvrez le classeur contenant les feuilles à transférer et le classeur de destination.
- Sélectionnez la ou les feuilles à transférer puis cliquez avec le bouton droit de la souris sur un des onglets sélectionnés et activez l'option **Déplacer ou copier**.
- Ouvrez la liste intitulée **Dans le classeur** et cliquez sur le nom du classeur de destination ou bien choisissez l'option **(nouveau classeur)**.

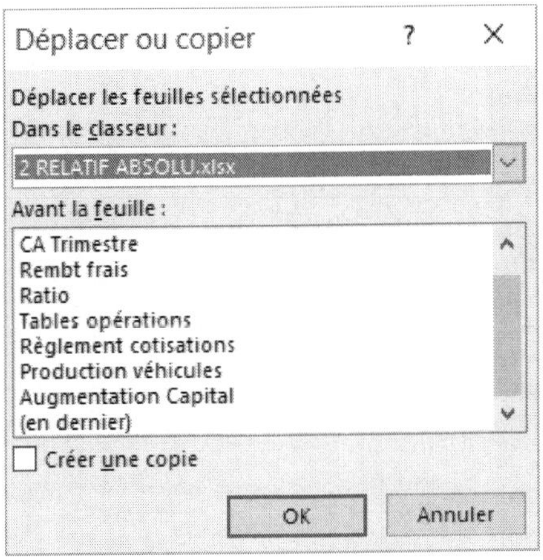

- Sélectionnez dans la liste **Avant la feuille** la feuille du classeur de destination avant laquelle vous souhaitez transférer la feuille.
- Si vous souhaitez faire une copie de la ou des feuilles sélectionnées, cochez l'option **Créer une copie**. Si vous souhaitez les déplacer, laissez cette option décochée.
- Cliquez sur le bouton **OK**.
- Le classeur de destination devient le classeur actif.

Insérer/ajouter des feuilles

- Pour ajouter une feuille à la suite des autres feuilles, cliquez sur l'outil **Nouvelle feuille** ⊕ de la barre des onglets ou utilisez le raccourci ⇧ F11.
- Pour insérer une seule feuille entre deux feuilles existantes, sélectionnez la feuille avant laquelle vous souhaitez faire l'ajout ; pour insérer plusieurs feuilles en même temps, sélectionnez autant d'onglets consécutifs que vous souhaitez insérer de feuilles.

  Dans ce cas, les feuilles seront insérées entre l'avant-dernière et la dernière feuille sélectionnée.
- Cliquez avec le bouton droit de la souris sur un des onglets sélectionnés et activez l'option **Insérer**.
- Dans la boîte de dialogue **Insérer** qui apparaît, vérifiez que l'option **Feuille** est active et cliquez sur le bouton **OK**.

Supprimer des feuilles

- Sélectionnez la ou les feuilles à supprimer.
- Cliquez avec le bouton droit de la souris sur un des onglets sélectionnés et activez l'option **Supprimer**.

  Si une des feuilles contient des données, le message suivant apparaît :

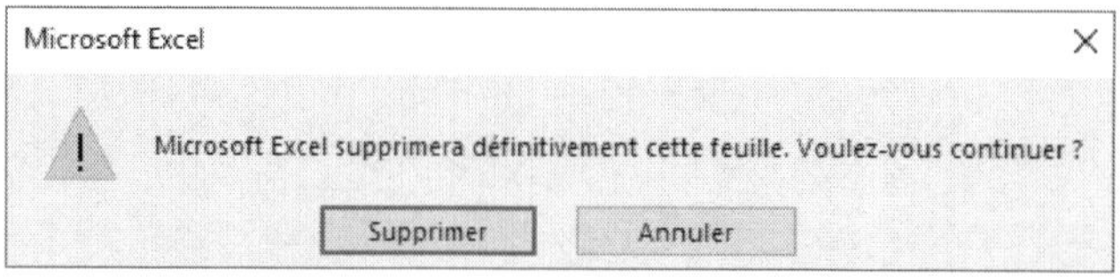

- Dans ce cas, cliquez sur le bouton **Supprimer**.

Lignes, colonnes, cellules

Insérer des lignes/des colonnes

- Pour insérer une seule ligne/colonne, sélectionnez la ligne ou la colonne entière (en cliquant sur le numéro de la ligne ou sur la lettre de la colonne) avant laquelle vous souhaitez insérer la nouvelle.

  Pour insérer plusieurs lignes/colonnes, sélectionnez autant de lignes ou colonnes que vous souhaitez en insérer.

  Vous ne pouvez pas insérer à la fois des lignes et des colonnes.

- Activez l'onglet **Accueil** et cliquez sur le bouton **Insérer** du groupe **Cellules** ou utilisez le raccourci-clavier Ctrl + ou encore activez l'option **Insérer** du menu contextuel de la sélection.

Lorsque vous insérez une ligne (ou une colonne), l'élément ajouté reprend la mise en forme de l'élément précédent. Vous pouvez modifier cette option en cliquant sur le bouton (qui apparaît à côté de l'élément ajouté) puis en sélectionnant l'option **Format identique à celui du dessous/dessus** (pour une ligne), **Format identique à celui de gauche/de droite** (pour une colonne) ou l'option **Effacer la mise en forme.**

Supprimer des lignes/des colonnes

- Sélectionnez les lignes (ou les colonnes) entières à supprimer, en sélectionnant les numéros de lignes (ou lettres de colonnes).
- Activez l'onglet **Accueil** et cliquez sur le bouton **Supprimer** du groupe **Cellules** ou utilisez le raccourci-clavier Ctrl - ou encore activez l'option **Supprimer** du menu contextuel de la sélection.

Modifier la largeur de colonne/hauteur de ligne

- Sélectionnez chaque colonne concernée par une même largeur (ou chaque ligne concernée par une même hauteur) ; si une seule colonne/ligne est concernée, il n'est pas nécessaire de la sélectionner.
- Pointez le trait vertical situé à droite de l'une des colonnes concernées (ou le trait horizontal situé au-dessous du chiffre de l'une des lignes).

Remarquez le nouvel aspect du pointeur de souris.

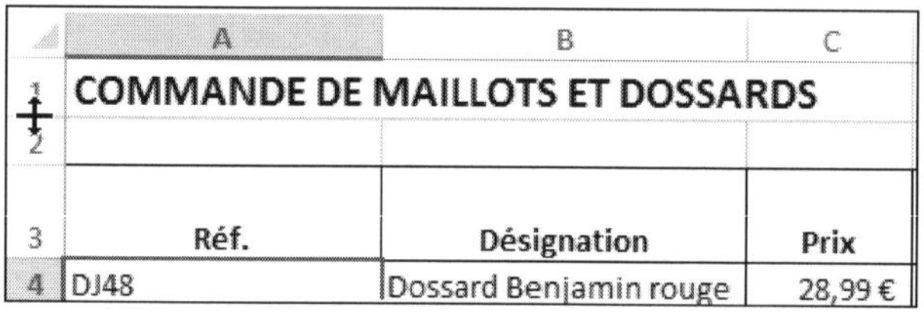

- Faites alors un cliqué-glissé sans relâcher le bouton de la souris.

  La nouvelle largeur (hauteur) est matérialisée par un trait pointillé et la valeur atteinte est affichée dans une info-bulle.

- Relâchez le bouton de la souris lorsque la largeur (hauteur) vous convient.

La largeur d'une colonne est calculée en nombre de caractères (et en pixels) et la hauteur de ligne en points (et en pixels).

Pour économiser la mémoire de votre ordinateur, "aérez" vos feuilles par cette technique plutôt que par des insertions de lignes et de colonnes.

Ajuster une largeur de colonne/hauteur de ligne

Les largeurs de colonne s'adapteront alors automatiquement à l'entrée de cellule la plus longue de la colonne, les hauteurs de ligne s'adapteront à l'entrée de cellule la plus haute de la ligne.

- Sélectionnez, si besoin, les lignes ou les colonnes concernées.
- Pour la largeur de colonne, faites un double clic sur le trait vertical situé à droite de la lettre de la colonne concernée.

  Pour une hauteur de ligne, faites le double clic sur le trait horizontal situé au-dessous du numéro de la ligne.

Modifier la mise en valeur des caractères

- Sélectionnez les cellules ou les caractères concernés.
- Activez l'onglet **Accueil**.

Modifier la police ou la taille

- Ouvrez la liste **Police** du groupe **Police** ou la liste **Taille de police** de ce même groupe selon le cas.
- Faites glisser la souris, sans cliquer, sur la police ou la taille souhaitée.

  Vous visualisez l'effet produit immédiatement sur les cellules sélectionnées dans la feuille de calcul.

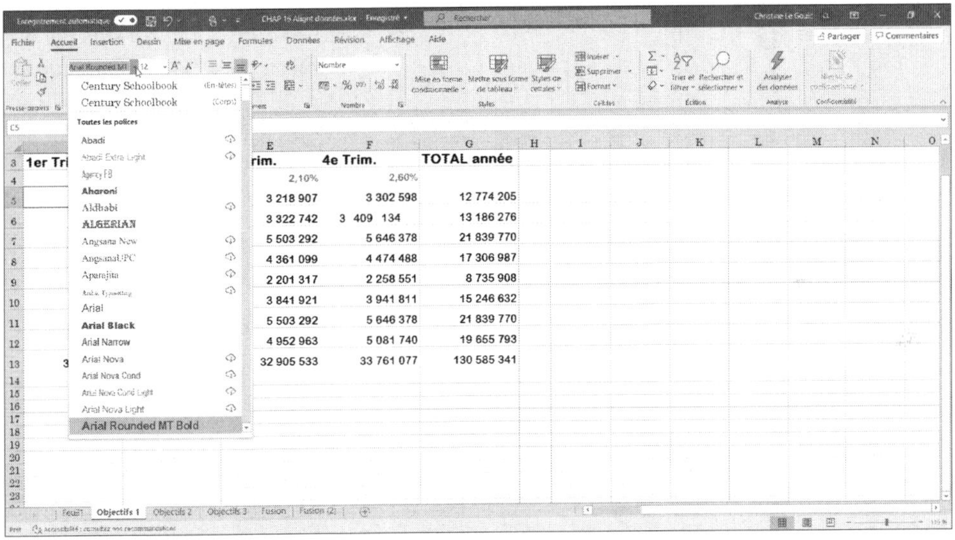

- Cliquez sur la police ou la taille souhaitée.

Vous pouvez aussi cliquer sur le Lanceur de boîte de dialogue du groupe **Police** pour ouvrir la boîte de dialogue **Format de cellule** (ou Ctrl ⇧ **F**) et faire vos choix dans l'onglet **Police**.

Pour augmenter ou diminuer la taille des caractères d'un point, cliquez sur l'outil **Augmenter la taille de police** ou l'outil **Réduire la taille de police**.

Pour définir la police et/ou la taille utilisée(s) par défaut dans tout nouveau classeur, cliquez sur l'onglet **Fichier** puis sur **Options**. Dans la catégorie **Général**, choisissez la police désirée dans la liste **Toujours utiliser cette police** et la taille des caractères voulue dans la liste **Taille de la police** de la partie **Lors de la création de classeurs** (cf. chapitre Classeurs - Créer un classeur basé sur un modèle).

Ajuster la taille des caractères

Cette fonction indique à Excel de réduire automatiquement la taille des caractères si le contenu de la cellule ne peut pas être entièrement affiché dans le sens de la largeur.

- Sélectionnez les cellules concernées puis activez l'onglet **Accueil** et cliquez sur le Lanceur de boîte de dialogue du groupe **Alignement** ou faites Ctrl ⇧ **F**.
- Cochez l'option **Ajuster** de la zone **Contrôle du texte** (onglet **Alignement**). Puis, cliquez sur le bouton **OK**.

Après réduction de la taille, les caractères retrouvent leur taille d'origine si vous augmentez la largeur de la colonne.

Appliquer l'attribut Gras, Souligné, Italique

- Sélectionnez les cellules ou les caractères concernés.
- Activez l'onglet **Accueil** et appliquez les mises en valeur souhaitées :

  - attribut gras, cliquez sur l'outil **Gras** G ou faites Ctrl **G**,
  - attribut italique, cliquez sur l'outil **Italique** I ou Ctrl **I**,
  - attribut souligné simple, cliquez sur l'outil **Souligner** S ou faites Ctrl **U**,
  - attribut double souligné, ouvrez la liste associée à l'outil **Souligner** S et activez l'option **Double souligné**.

- Pour annuler une mise en valeur, exécutez une seconde fois l'une des manipulations précédentes sur la sélection voulue.

Plusieurs mises en valeur peuvent être appliquées à une même sélection.

Appliquer d'autres attributs

*Il s'agit d'appliquer la mise en valeur **Barré**, **Exposant** ou **Indice** ou encore de choisir d'autres styles de soulignement.*

- Sélectionnez les cellules ou les caractères concernés.
- Activez l'onglet **Accueil** et cliquez sur le lanceur de boîte de dialogue du groupe **Police** ou faites Ctrl ⇧ **F** puis activez, si besoin l'onglet **Police**.

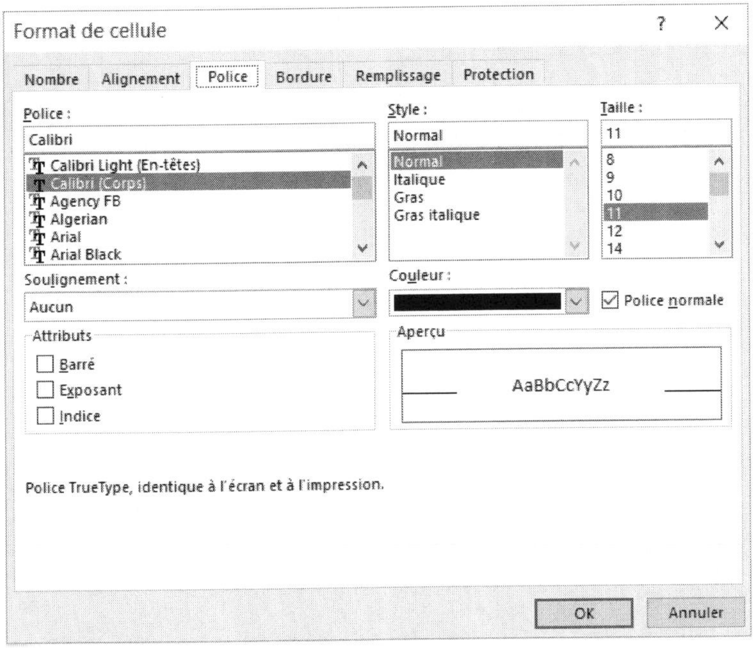

- Appliquez les mises en valeur souhaitées dans le cadre **Attributs** : **Barré**, **Exposant** et/ou **Indice**.

  *La liste **Soulignement** permet de choisir un autre type de soulignement.*

- Cliquez sur le bouton **OK**.

Changer la couleur

- Sélectionnez les cellules ou les caractères concernés.
- Dans l'onglet **Accueil**, ouvrez la liste associée à l'outil **Couleur de police** du groupe **Police** puis cliquez sur la couleur attendue.

Vous pouvez aussi sélectionner la couleur dans la boîte de dialogue **Format de cellule** - onglet **Police**.

La couleur sélectionnée s'affiche sur l'outil **Couleur de police** : pour appliquer cette couleur à une autre cellule, il suffit de cliquer directement sur l'outil, sans ouvrir la liste.

Utiliser la mini barre d'outils

- Pour modifier les mises en valeur des caractères avec la mini barre d'outils, sélectionnez les caractères concernés.

Une mini barre d'outils apparaît temporairement au-dessus de la sélection.

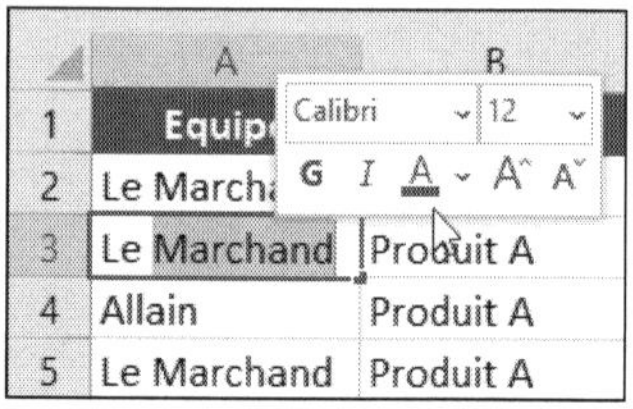

- Pointez la mini barre d'outils puis cliquez sur la mise en valeur à appliquer.

La mini barre d'outils s'affiche si l'option **Afficher la mini barre d'outils lors de la sélection** de la boîte de dialogue **Options Excel** (onglet **Fichier** - **Options** - catégorie **Général**) est active.

Appliquer un format de nombre

- Pour appliquer un format prédéfini, sélectionnez les cellules concernées puis, dans l'onglet **Accueil**, ouvrez la liste **Format de nombre** du groupe **Nombre**.

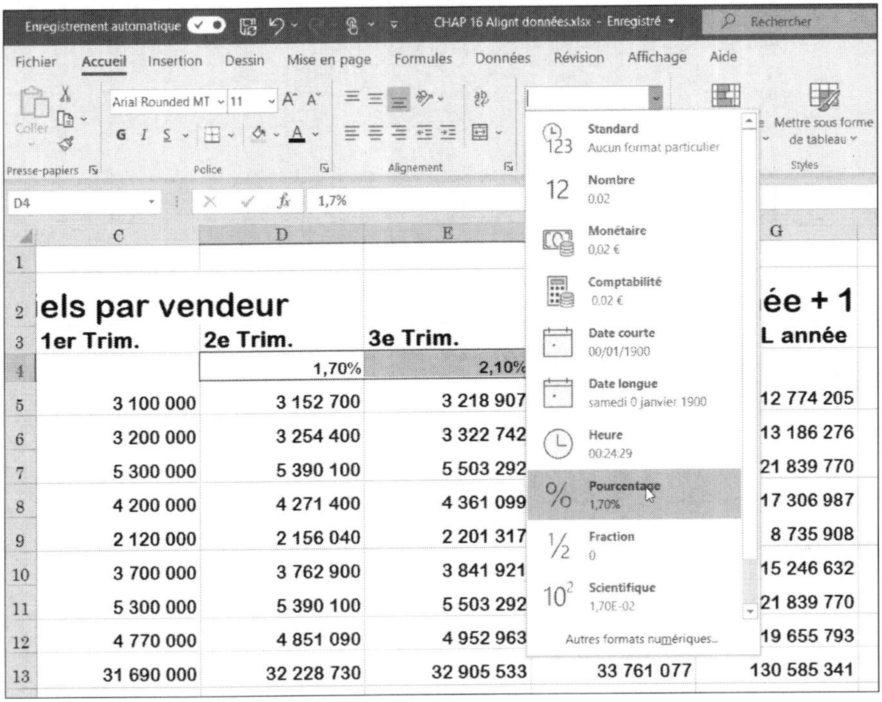

- Cliquez sur un des formats proposés par Excel.

  *Lorsque vous appliquez le format **Pourcentage**, les nombres concernés sont multipliés par 100 afin d'être convertis en pourcentages.*

  *Le format **Texte** permet d'afficher des valeurs numériques comme du texte (par défaut, aligné à gauche dans la cellule).*

- Si besoin, augmentez ou diminuez le nombre de décimales en cliquant sur l'outil **Ajouter une décimale** ou sur l'outil **Réduire les décimales**.

Des dièses peuvent apparaître dans certaines cellules lorsque la largeur de la colonne est insuffisante pour afficher la valeur avec le format demandé ; dans ce cas, il suffit d'élargir la colonne pour afficher correctement la valeur.

Pour réinitialiser le format de nombre des cellules sélectionnées, ouvrez la liste **Format de nombre** et cliquez sur l'option **Standard**. Les cellules ayant le format **Standard** n'ont pas de format de nombre spécifique.

Pour appliquer rapidement le format **Monétaire**, **Pourcentage** ou **Milliers**, cliquez respectivement sur l'outil , l'outil % ou sur l'outil 000.

Pour appliquer un autre format aux cellules sélectionnées, activez l'onglet **Accueil**, ouvrez la liste **Format de nombre** du groupe **Nombre** et cliquez sur l'option **Autres formats numériques** ou cliquez sur le Lanceur de boîte de dialogue du groupe **Nombre** ou faites Ctrl ⇧ **F** puis activez si besoin, l'onglet **Nombre** de la boîte de dialogue **Format de cellule**.

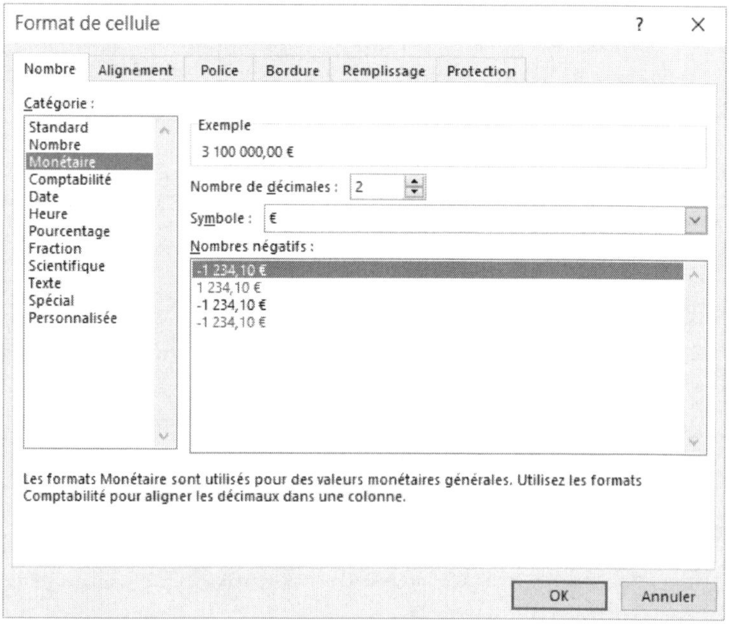

- Dans la liste **Catégorie**, sélectionnez celle qui contient le format à utiliser.
- Modifiez, si besoin, les paramètres du format (exemple : **Nombre de décimales**...).
- Cliquez sur le bouton **OK**.

Modifier l'orientation du contenu des cellules

- Sélectionnez les cellules concernées.
- Dans l'onglet **Accueil**, ouvrez la liste de l'outil **Orientation** du groupe **Alignement**.

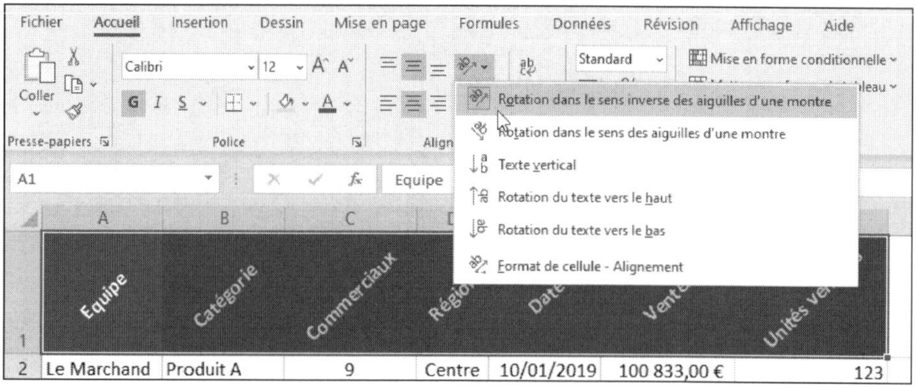

- Cliquez sur l'orientation souhaitée.

L'option **Format de cellule - Alignement** de la liste de l'outil permet d'ouvrir la boîte de dialogue **Format de cellule** - onglet **Alignement** afin d'y sélectionner un angle de rotation personnalisé dans la zone **degrés** (cadre **Orientation**).

Aligner le contenu des cellules

- Sélectionnez les cellules concernées et activez l'onglet **Accueil**.
- Pour modifier l'alignement vertical du contenu des cellules par rapport à la hauteur de la ligne, cliquez sur l'un des outils suivants, présent dans le groupe **Alignement** :
  Aligner en haut, **Aligner au centre**, **Aligner en bas.**
- Pour modifier l'alignement horizontal du contenu des cellules par rapport à la largeur de la colonne, cliquez sur l'un des outils suivants : **Aligner à gauche**, **Centrer**, **Aligner à droite.**

Vous retrouvez ces options dans la boîte de dialogue **Format de cellule** - onglet **Alignement** (que vous ouvrez en cliquant sur le Lanceur de boîte de dialogue du groupe **Alignement** de l'onglet **Accueil**), dans les listes **Horizontal** et **Vertical** ; l'option **Standard** de la liste **Horizontal** permet le retour à l'alignement d'origine.

Pour justifier le contenu d'une cellule, accédez à la boîte de dialogue **Format de cellule** - onglet **Alignement** puis ouvrez la liste **Horizontal** et sélectionnez l'option **Justifié** pour justifier le texte en largeur et/ou ouvrez la liste **Vertical** et sélectionnez l'option **Justifié** pour justifier le texte en hauteur.

Répartir une saisie dans la hauteur de la ligne

La hauteur de la ligne est alors automatiquement ajustée afin de permettre l'affichage du contenu de la cellule sur plusieurs lignes sans modifier la largeur de la colonne.

- Sélectionnez la ou les cellules concernées.
- Dans l'onglet **Accueil**, cliquez sur l'outil **Renvoyer à la ligne automatiquement** du groupe **Alignement** ou cliquez sur le Lanceur de boîte de dialogue du groupe **Alignement** et cochez l'option **Renvoyer à la ligne automatiquement** visible dans la zone **Contrôle du texte** puis cliquez sur **OK**.

Si la largeur de la colonne n'est pas suffisante pour afficher son contenu, le texte s'affiche sur la ligne (ou les lignes) suivante et la hauteur de la ligne est automatiquement agrandie :

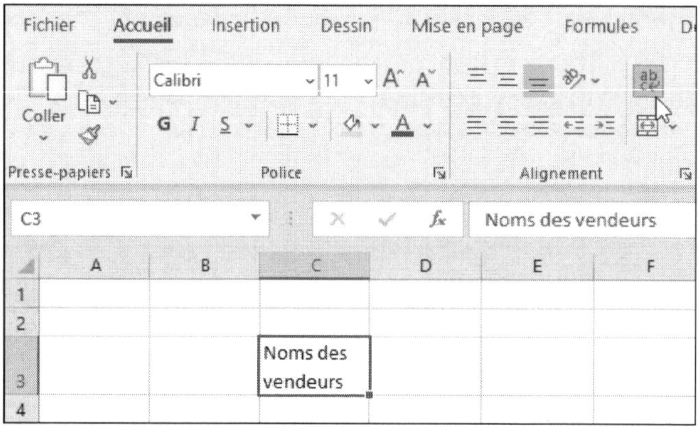

Si la largeur de la colonne est agrandie suffisamment pour afficher le contenu de la cellule sur une seule ligne, le texte apparaît alors sur une seule ligne mais la hauteur de la ligne n'est pas modifiée, vous pouvez alors dans ce cas faire un double clic sur le trait horizontal situé sous le numéro de ligne pour ajuster la hauteur de la ligne.

Vous pouvez également saisir plusieurs lignes dans une cellule en utilisant la combinaison des touches Alt ↵ à chaque changement de ligne imposé. Dans ce cas, si la colonne est agrandie, le texte reste affiché sur plusieurs lignes.

Appliquer un retrait au contenu des cellules

- Sélectionnez les cellules concernées.
- Sur l'onglet **Accueil**, cliquez une ou plusieurs fois sur l'outil **Augmenter le retrait** du groupe **Alignement** ; utilisez l'outil **Diminuer le retrait** pour le réduire.
- Pour appliquer un autre type de retrait, sur l'onglet **Accueil**, cliquez sur le Lanceur de boîte de dialogue du groupe **Alignement** ou faites Ctrl ⇧ **F** puis activez, si besoin, l'onglet **Alignement**.

- Ouvrez la liste **Horizontal** et sélectionnez le type de retrait à effectuer :

Gauche (Retrait)	Pour appliquer un alignement à gauche dans les cellules et appliquer un retrait par rapport au bord gauche des cellules.
Droite (Retrait)	Pour appliquer un alignement à droite dans les cellules et appliquer un retrait par rapport au bord droit des cellules.
Distribué (Retrait)	Pour appliquer un alignement justifié dans les cellules et appliquer un retrait par rapport au bord gauche et droit des cellules.

- Précisez dans la zone **Retrait**, la valeur souhaitée.

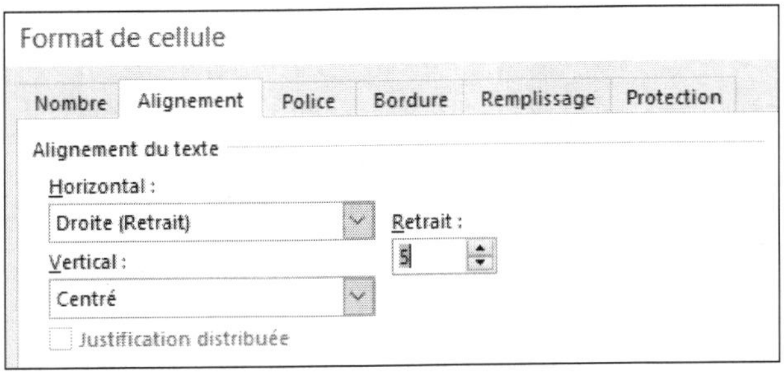

Chaque incrément de la zone ***Retrait****, obtenu en cliquant sur ou , équivaut à la largeur d'un caractère.*

- Cliquez sur le bouton **OK**.

Fusionner des cellules

Cette manipulation permet de regrouper plusieurs cellules afin de faire "déborder" le contenu de la première sur les autres. Les cellules fusionnées n'en forment plus qu'une seule.

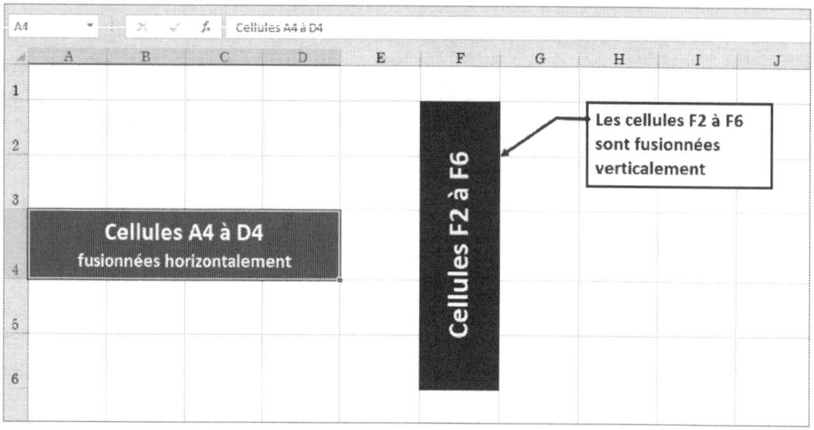

- Sélectionnez les cellules à fusionner.

  Seules les données situées dans la première cellule de la sélection apparaîtront dans les cellules fusionnées.

- Dans l'onglet **Accueil**, ouvrez la liste de l'outil **Fusionner et centrer** 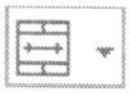 du groupe **Alignement** et choisissez l'option adéquate :

 Pour fusionner la sélection tout en centrant horizontalement le contenu de la première cellule sur la sélection.

 Pour fusionner la sélection dans le sens horizontal, sans changer l'alignement horizontal de la sélection.

 Pour fusionner la sélection dans le sens horizontal ou vertical, sans changer l'alignement horizontal de la sélection.

 Pour annuler la fusion de la cellule sélectionnée.

> Pour fusionner des cellules, vous pouvez aussi accéder à la boîte de dialogue **Format de cellule** - onglet **Alignement** puis cocher l'option **Fusionner les cellules.**

Centrer un contenu sur plusieurs colonnes

Lorsque des cellules ont été fusionnées, un message peut s'afficher lorsque vous souhaitez insérer ou supprimer des lignes ou des colonnes, vous informant que l'action n'est pas possible. Dans ce cas, vous pouvez utiliser la commande ***Centrer sur plusieurs colonnes*** *qui permet d'obtenir la même disposition horizontale des cellules sans avoir à les fusionner.*

Sur l'exemple suivant, le titre du tableau, contenu dans la cellule B2, est centré sur les cellules B2 à G2 :

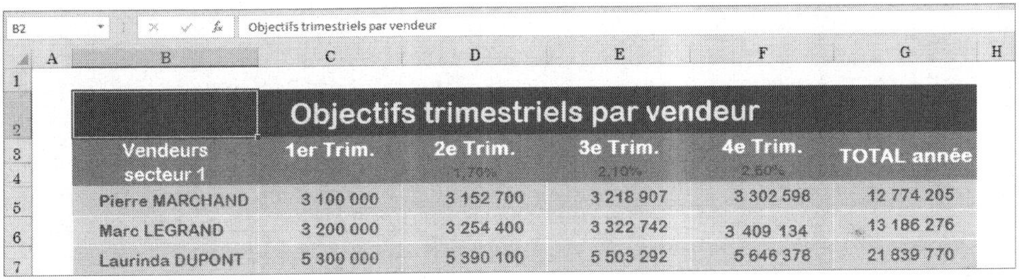

	A	B	C	D	E	F	G
2		Objectifs trimestriels par vendeur					
3		Vendeurs secteur 1	1er Trim.	2e Trim.	3e Trim.	4e Trim.	TOTAL année
4				1,70%	2,10%	2,50%	
5		Pierre MARCHAND	3 100 000	3 152 700	3 218 907	3 302 598	12 774 205
6		Marc LEGRAND	3 200 000	3 254 400	3 322 742	3 409 134	13 186 276
7		Laurinda DUPONT	5 300 000	5 390 100	5 503 292	5 646 378	21 839 770

Bien que le titre apparaisse dans les cellules C2, D2 et E2, il est toujours présent dans la cellule B2 ; si vous souhaitez modifier ce titre, vous devez sélectionner la cellule B2.

- Si vous avez fusionné les cellules concernées, activez l'outil **Fusionner et centrer** 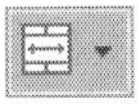 de l'onglet **Accueil** (groupe **Alignement**) pour supprimer la fusion.
- Sélectionnez ensuite la cellule contenant le texte à centrer ainsi que les cellules adjacentes sur lesquelles le contenu doit être centré.
- Activez le Lanceur de boîte de dialogue  du groupe **Alignement** de l'onglet **Accueil.**
- Ouvrez la liste **Horizontal** et choisissez l'option **Centré sur plusieurs colonnes** puis cliquez sur le bouton **OK.**

Appliquer des bordures aux cellules

Par défaut, aucune bordure n'apparaît autour des cellules. La grille que vous visualisez sur la feuille de calcul ne s'imprime pas si vous ne le précisez pas.

Appliquer des bordures prédéfinies

- Sélectionnez les cellules concernées par une même bordure.
- Dans l'onglet **Accueil**, ouvrez la liste de l'outil **Bordures** du groupe **Police.**

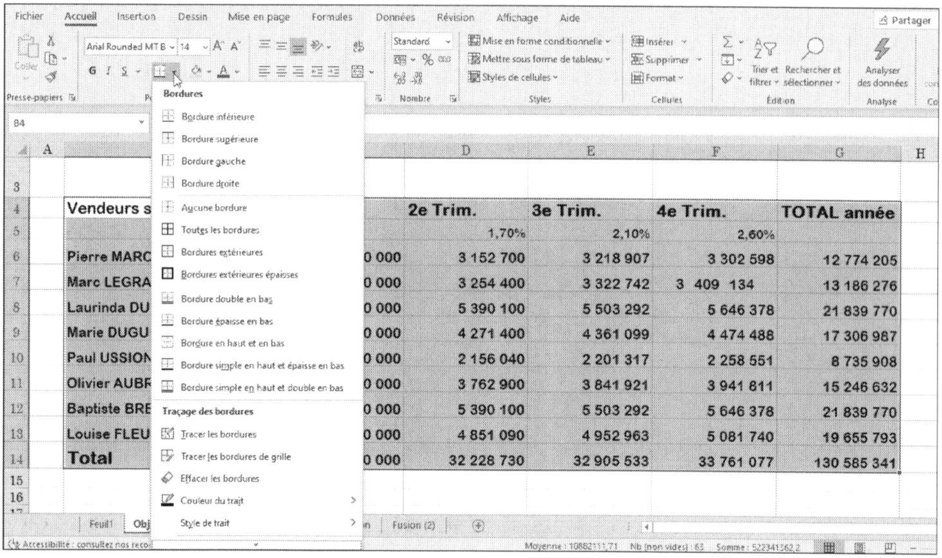

- Cliquez sur le type de bordure souhaité.
  L'outil permet de quadriller toutes les cellules sélectionnées.
- La dernière bordure appliquée s'affiche sur l'outil ; pour l'appliquer sur une nouvelle sélection, cliquez sur l'outil, sans ouvrir la liste.

Pour supprimer toutes les bordures sur la sélection, choisissez l'option **Aucune bordure** dans la liste de l'outil .

Appliquer d'autres bordures

- Sélectionnez les cellules concernées par une même bordure.
- Sur l'onglet **Accueil**, ouvrez la liste de l'outil du groupe **Police** puis cliquez sur l'option **Autres bordures** ou cliquez sur le Lanceur de boîte de dialogue du groupe **Police** ou faites Ctrl ⇧ **F** puis activez, si besoin, l'onglet **Bordure**.

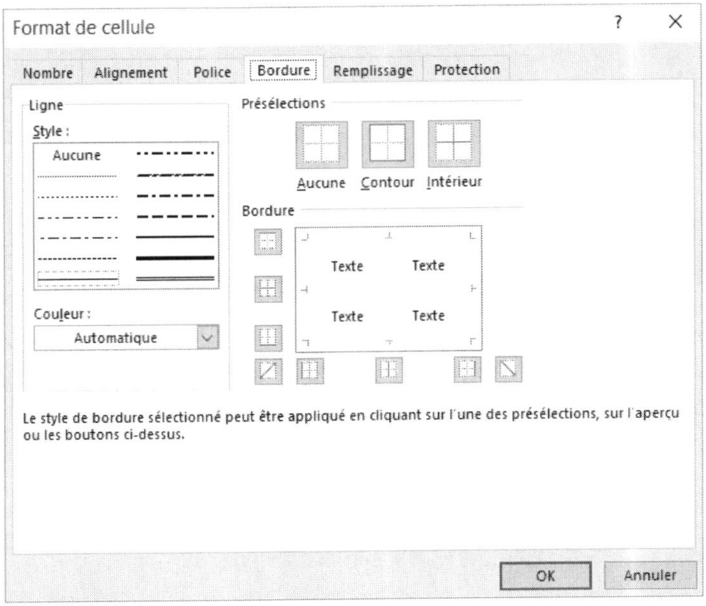

- Pour placer une bordure précise autour des bords externes de la sélection, choisissez le **Style** et la **Couleur** de la bordure puis cliquez sur le bouton **Contour**. Pour quadriller les cellules, cliquez sur le bouton **Intérieur**.

  Pour placer une bordure le long des bords spécifiés de chaque cellule de la sélection, choisissez tout d'abord le **Style** et la **Couleur** puis cliquez sur le bouton correspondant du cadre **Bordure** pour afficher ou masquer la bordure ou cliquez sur la bordure visible dans la zone d'aperçu. Cliquez sur le bouton **Intérieur** pour insérer des traits autour de chaque cellule sélectionnée à l'exception des bords externes de la sélection.

Les boutons et permettent de tracer des diagonales dans les cellules.

- Validez en cliquant sur le bouton **OK**.
- Visualisez le résultat en cliquant en dehors de la sélection.

Tracer des bordures

- Sur l'onglet **Accueil**, ouvrez la liste de l'outil **Bordures** du groupe **Police**.
- Pointez l'option **Couleur du trait** et choisissez une couleur.
- Ouvrez de nouveau la liste, pointez l'option **Style de trait** et sélectionnez le type de trait à utiliser.

  *L'outil **Tracer les bordures** est automatiquement activé : le pointeur de la souris prend la forme d'un crayon.*
- Cliquez sur les bords de cellule à tracer.
- Pour tracer un quadrillage, sélectionnez l'outil **Tracer les bordures de grille** dans la liste de l'outil **Bordures** puis tracez le quadrillage à l'aide d'un cliqué-glissé.
- Pour effacer une bordure, sélectionnez l'outil **Effacer les bordures** de cette même liste puis effacez chaque bordure en cliquant dessus.

Pour désactiver un de ces outils, appuyez sur la touche Echap.

Appliquer une couleur de remplissage aux cellules

- Sélectionnez les cellules concernées.
- Sur l'onglet **Accueil**, ouvrez la liste de l'outil **Couleur de remplissage** du groupe **Police**.

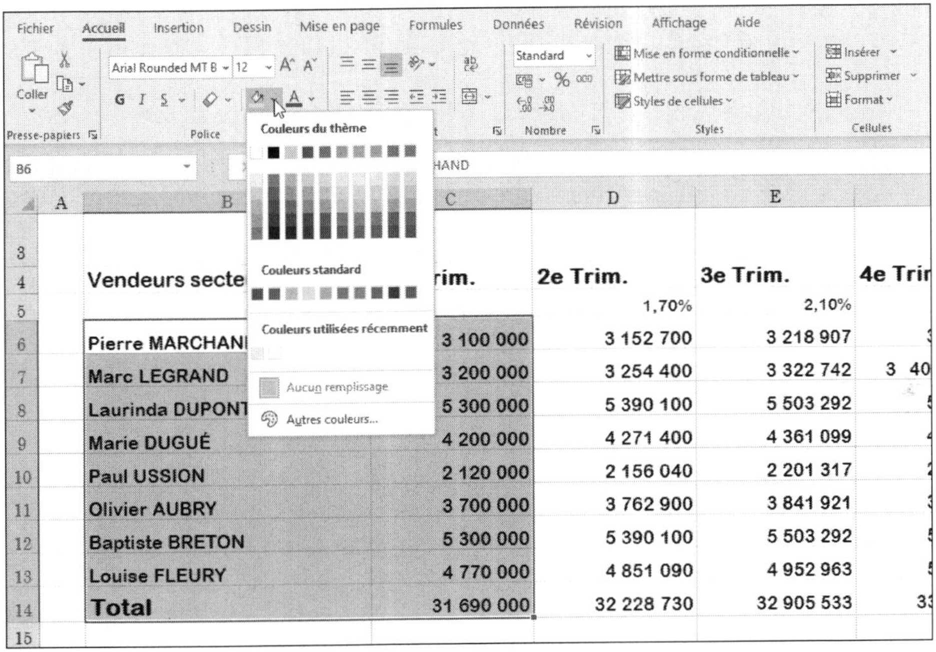

- Si l'une des **Couleurs du thème** ou **Couleurs standard** vous convient, pointez la teinte de votre choix pour avoir un aperçu du résultat directement dans les cellules sélectionnées, ou cliquez sur cette teinte pour l'appliquer.
- Pour sélectionner une autre couleur, activez l'option **Autres couleurs** ; dans la boîte de dialogue **Couleurs** qui apparaît, vous pouvez :
  - Dans l'onglet **Standard**, cliquez sur la pastille de couleur à appliquer.
  - Dans l'onglet **Personnalisées**, utilisez le curseur de couleur ou les zones **Rouge**, **Vert**, **Bleu** pour définir les composants de la couleur à appliquer.

  Cliquez sur le bouton **OK** de la boîte de dialogue **Couleurs**.

La dernière couleur appliquée s'affiche sur l'outil **Couleur de remplissage**  ; pour l'appliquer sur une nouvelle sélection, il suffit de cliquer sur l'outil, sans ouvrir sa liste.

Les couleurs sélectionnées dans la boîte de dialogue **Couleurs** apparaissent par la suite dans la zone **Couleurs utilisées récemment** de la liste associée à l'outil **Couleur de remplissage** .

La boîte de dialogue **Format des cellules** - onglet **Remplissage** vous permet aussi d'appliquer une couleur dans le fond des cellules.

Pour annuler une couleur de fond sur une sélection de cellules, choisissez l'option **Aucun remplissage** dans la liste associée à l'outil **Couleur de remplissage** .

Appliquer un motif ou un dégradé dans le fond des cellules

- Sélectionnez les cellules concernées.
- Sur l'onglet **Accueil**, cliquez sur le Lanceur de boîte de dialogue du groupe **Police** ou faites Ctrl ⇧ **F**.
- Activez l'onglet **Remplissage**.

Appliquer un motif

- Dans la zone **Couleur d'arrière-plan**, sélectionnez, si besoin, une couleur pour l'arrière-plan de la cellule et/ou du motif.
- Pour appliquer un motif dans le fond des cellules sélectionnées, ouvrez la liste **Couleur de motif** et choisissez la couleur de premier plan si vous souhaitez créer un motif coloré.

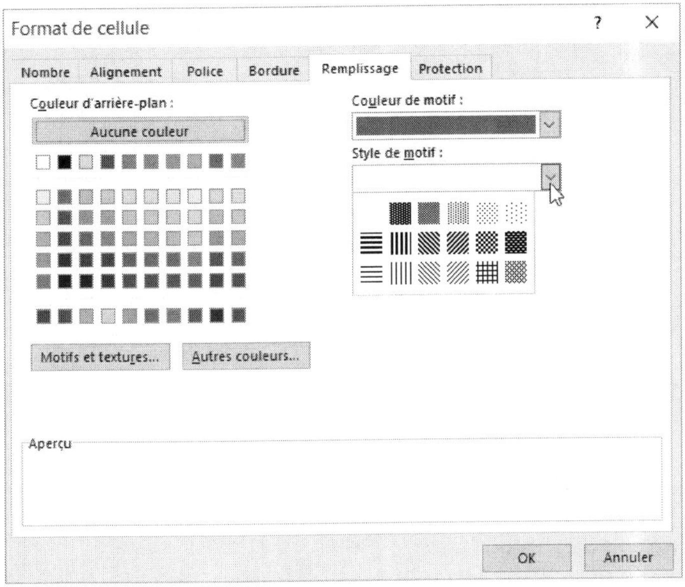

- Ouvrez ensuite la liste **Style de motif** et sélectionnez celui que vous souhaitez appliquer aux cellules.

Appliquer un dégradé

- Cliquez sur le bouton **Motifs et textures** de la boîte de dialogue **Format de cellule** - onglet **Remplissage.**
- Ouvrez les listes **Couleur 1** et **Couleur 2** pour sélectionner les couleurs du dégradé.
- Dans la zone **Type de dégradé**, choisissez celui qui vous convient puis cliquez sur un des modèles proposés de la zone **Variantes.**

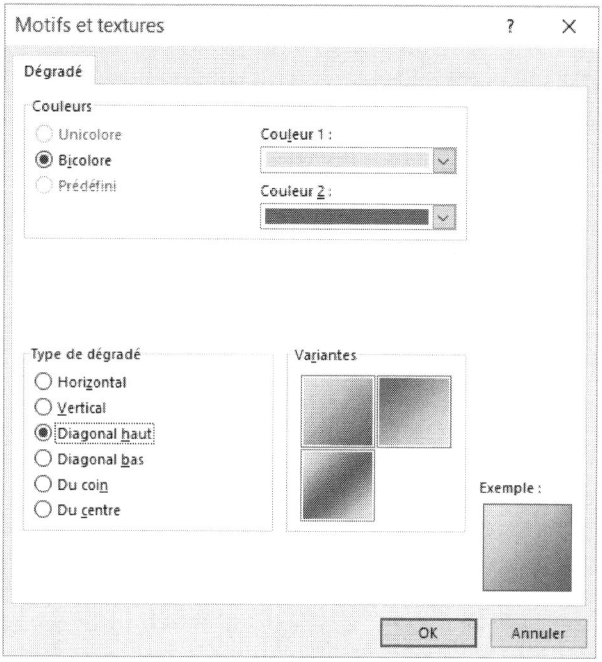

- Cliquez sur le bouton **OK** une première fois pour quitter la boîte de dialogue **Motifs et textures**, puis une seconde fois pour quitter la boîte de dialogue **Format de cellule.**

Appliquer un style de cellule

Un style est une mise en valeur prédéfinie qui peut être appliquée sur n'importe quelle cellule. Vous pouvez créer vos propres styles de cellule.

- Sélectionnez les cellules concernées par l'application du style.
- Dans l'onglet **Accueil**, cliquez sur le bouton **Styles de cellules** du groupe **Styles**.

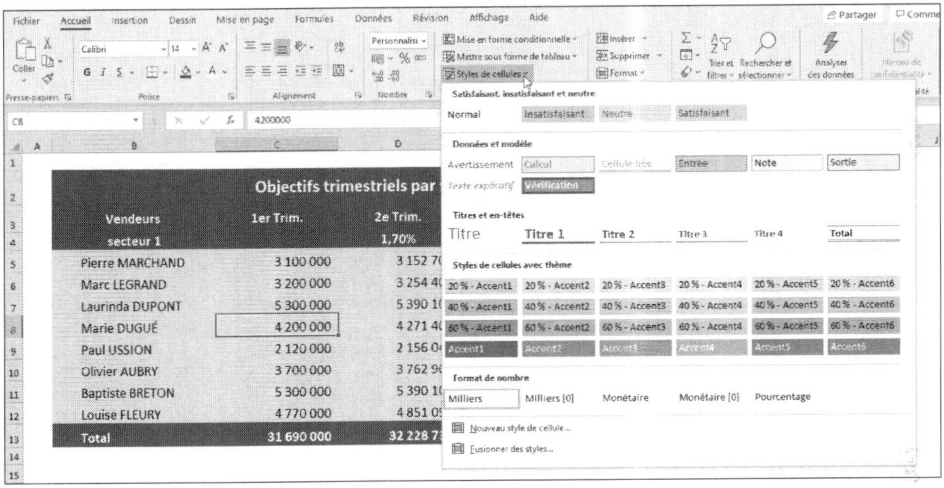

*La liste de tous les styles apparaît dans différentes catégories (**Satisfaisant, insatisfaisant et neutre**, **Données et modèle**, **Titres et en-têtes**...).*

*Selon la résolution de votre écran, il est possible que le bouton **Styles de cellules** soit remplacé par la galerie de styles : dans ce cas, cliquez sur le bouton pour afficher l'intégralité de la galerie.*

- Cliquez sur le style à appliquer.

Pour retrouver la mise en forme appliquée avant l'application d'un style, cliquez sur le bouton **Styles de cellules** du groupe **Styles** et sélectionnez le style **Normal** de la catégorie **Satisfaisant, insatisfaisant et neutre**.

Appliquer un style de tableau

Cette technique permet d'appliquer un format prédéfini au tableau.

- Sélectionnez les cellules sur lesquelles vous souhaitez appliquer le style de tableau ou, pour l'appliquer à l'ensemble du tableau, cliquez dans une cellule quelconque du tableau concerné.
- Dans l'onglet **Accueil**, cliquez sur le bouton **Mettre sous forme de tableau** du groupe **Styles** et, dans la liste qui s'affiche, cliquez sur le style de tableau à appliquer.

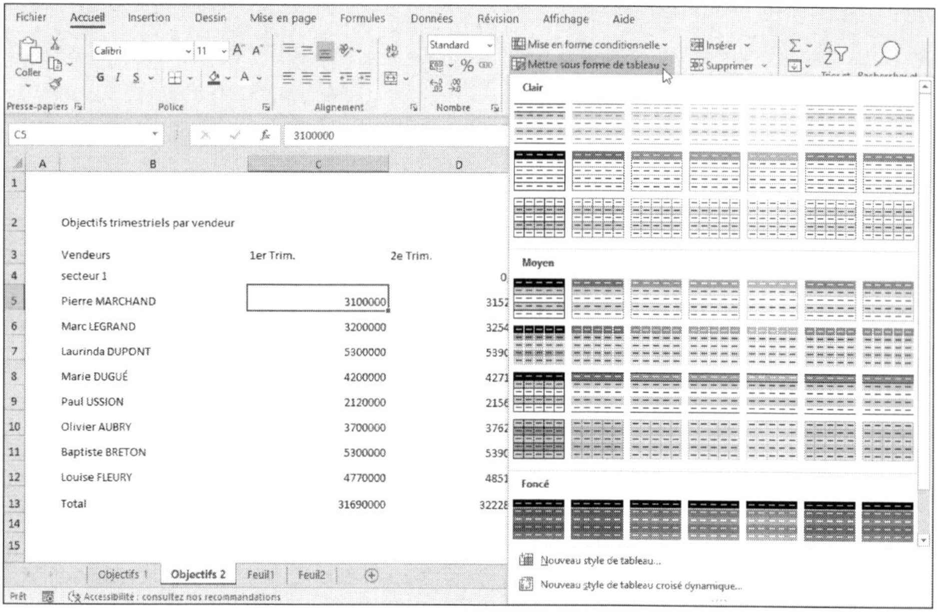

La boîte de dialogue ***Mettre sous forme de tableau*** *s'affiche et vous propose de convertir la sélection des cellules en tableau de données ; la sélection des cellules apparaît dans la zone* ***Où se trouvent les données de votre tableau ?*** *et elle est matérialisée par un cadre en pointillés dans la feuille de calcul :*

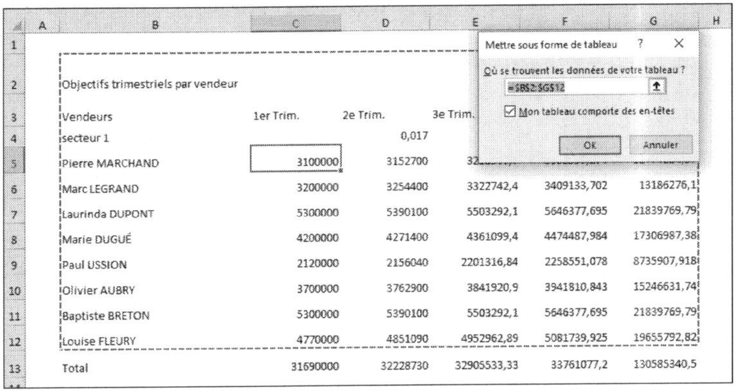

- Si la sélection proposée n'est pas correcte, sélectionnez directement dans la feuille de calcul les cellules concernées par le format.
- Si le tableau comporte des en-têtes de colonne, cochez, si besoin, l'option **Mon tableau comporte des en-têtes.**

  Dans notre exemple, la ligne 3 contient les en-têtes de colonne du tableau.

- Cliquez sur le bouton **OK.**

  Le style de tableau choisi s'applique alors aux cellules du tableau. Excel ayant converti les cellules en tableau de données, les en-têtes de colonnes du tableau présentent maintenant un bouton permettant d'ouvrir une liste déroulante pour filtrer ou trier les données. Un onglet contextuel nommé ***Création de tableau*** *apparaît. Vous pouvez utiliser les outils qu'il propose pour personnaliser ou modifier le tableau .*

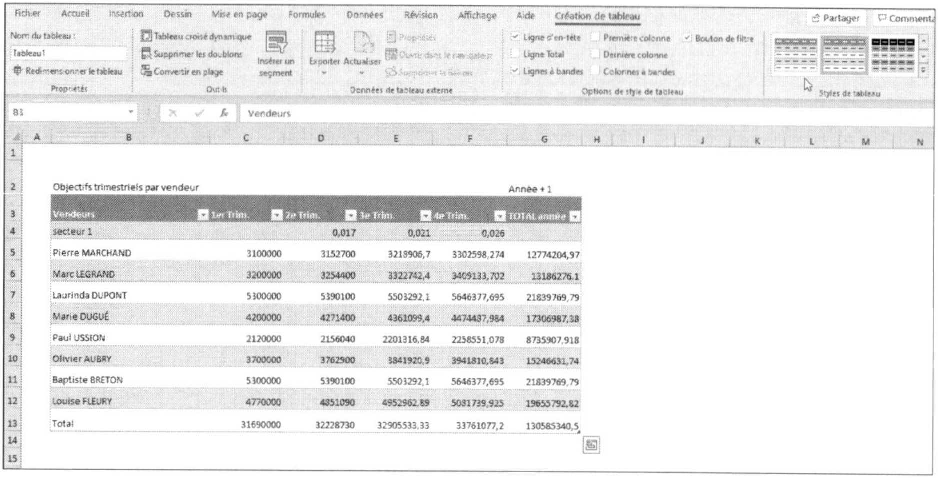

Objectifs trimestriels par vendeur — Année + 1

Vendeurs	1er Trim.	2e Trim.	3e Trim.	4e Trim.	TOTAL année
secteur 1		0,017	0,021	0,026	
Pierre MARCHAND	3100000	3152700	3218906,7	3302598,274	12774204,97
Marc LEGRAND	3200000	3254400	3322742,4	3409133,702	13186276,1
Laurinda DUPONT	5300000	5390100	5503292,1	5646377,695	21839769,79
Marie DUGUÉ	4200000	4271400	4361099,4	4474437,984	17306987,38
Paul USSION	2120000	2156040	2201316,84	2258551,078	8735907,918
Olivier AUBRY	3700000	3762900	3841920,9	3941810,843	15246631,74
Baptiste BRETON	5300000	5390100	5503292,1	5646377,695	21839769,79
Louise FLEURY	4770000	4851090	4952962,89	5081739,925	19655792,82
Total	31690000	32228730	32905533,33	33761077,2	130585340,5

- Si vous souhaitez conserver le style du tableau sans qu'il soit converti en tableau de données, cliquez sur le bouton **Convertir en plage** de l'onglet **Outils de tableau - Création de tableau** (groupe **Outils**) puis cliquez sur le bouton **Oui** du message de confirmation qui s'affiche.

Appliquer un thème au classeur

Un thème est un ensemble d'éléments de mises en forme qui inclut des couleurs, des polices (y compris des polices d'en-tête et de corps de texte) et des effets graphiques (y compris des lignes et des effets de remplissage) qui donnent un aspect cohérent à votre classeur. Lorsque vous changez le thème, cela affecte immédiatement la présentation des cellules sur lesquelles des styles ont été appliqués.

- Activez la feuille de calcul concernée par l'application du thème.
- Activez l'onglet **Mise en page** et cliquez sur le bouton **Thèmes**  du groupe **Thèmes**.

  La liste des thèmes prédéfinis apparaît.

- Faites glisser la souris (sans cliquer !) sur les thèmes pour visualiser directement la mise en forme dans votre feuille de calcul.

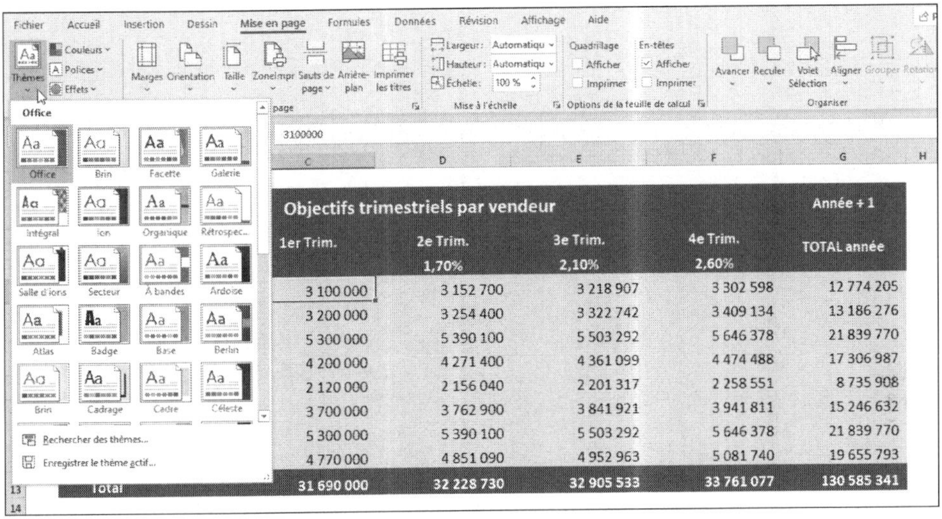

Lorsque vous avez choisi le thème, cliquez sur son nom.

Le thème appliqué modifie la présentation des cellules mises en forme avec des styles.

Le thème utilisé par défaut est le thème nommé **Office**.

Si le thème que vous voulez utiliser n'est pas répertorié, cliquez sur l'option **Rechercher les thèmes** pour le trouver sur votre ordinateur ou sur un emplacement du réseau.

Modifier les options de mise en page

- Activez l'onglet **Mise en page**.
- Pour modifier les marges d'impression, cliquez sur le bouton **Marges** du groupe **Mise en page** puis choisissez des marges prédéfinies **Normales**, **Larges** ou **Étroites**, ou bien cliquez sur l'option **Marges personnalisées** pour définir les valeurs des marges dans les zones **Haut**, **Gauche**, **Droite** et/ou **Bas**. Dans ce cas, vous pouvez aussi activer l'option **Horizontalement** et/ou **Verticalement** pour centrer le tableau dans la largeur et/ou la hauteur de la page.

  Cliquez sur le bouton **OK** de la boîte de dialogue de personnalisation des **Marges**.

Vous pouvez également activer le mode **Mise en page** (icône en bas à droite de la fenêtre) et pointer la bordure de la zone de marge à modifier dans la règle ; lorsque le pointeur de la souris apparaît sous la forme d'une double flèche, cliquez et faites glisser de façon à dimensionner la marge comme vous le souhaitez (une info-bulle s'affiche et indique la valeur de la marge).

- Pour modifier l'orientation des pages, cliquez sur le bouton **Orientation** du groupe **Mise en page** puis choisissez l'option **Portrait** ou **Paysage**.
- Pour définir le format du papier, cliquez sur le bouton **Taille** du groupe **Mise en page**.

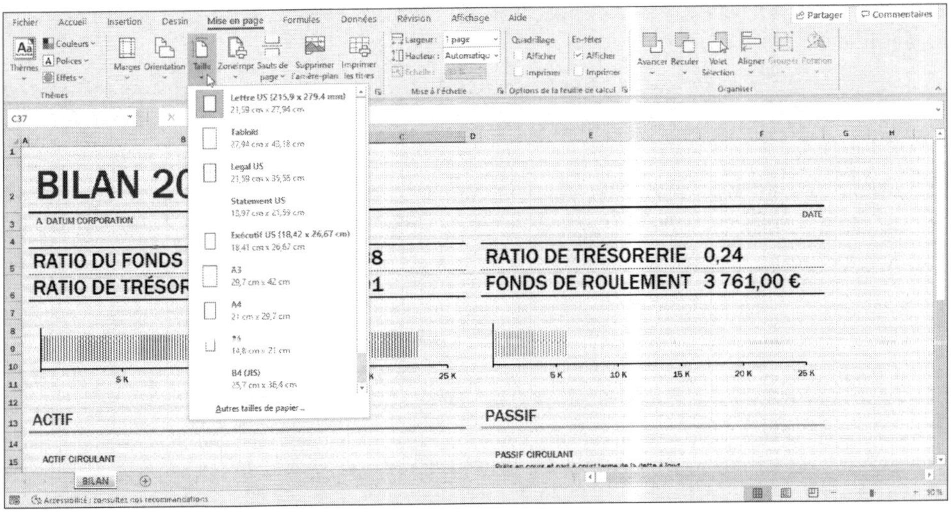

Choisissez parmi les options proposées ou cliquez sur l'option **Autres tailles de papier** pour ouvrir la boîte de dialogue **Mise en page** et choisir l'option voulue dans la liste **Format du papier**.

Pour modifier l'échelle d'impression :

- pour réduire la largeur ou la hauteur de la page imprimée afin d'imprimer plusieurs pages par feuille, ouvrez la liste associée au bouton **Largeur** ou **Hauteur** (selon le cas) du groupe **Mise à l'échelle** et cliquez sur le nombre de pages souhaité.
- pour agrandir ou réduire les données imprimées en fonction d'un pourcentage de la taille réelle, sélectionnez le pourcentage souhaité dans la zone **Échelle** du groupe **Mise à l'échelle**.

Pour retrouver les dimensions d'origine, sélectionnez les options **Automatique** dans les listes **Largeur** et **Hauteur** du groupe **Mise à l'échelle**.

Pour imprimer le quadrillage de la feuille, activez l'option **Imprimer** de la zone **Quadrillage** du groupe **Options de la feuille de calcul**.

Même si vous n'avez pas appliqué de bordures aux cellules, celles-ci seront imprimées avec une bordure simple.

*L'option **Afficher** de cette zone correspond à l'option **Quadrillage** de l'onglet **Affichage** - groupe **Afficher** et permet la visualisation du quadrillage des cellules dans la feuille de calcul.*

Pour imprimer les lettres représentatives des colonnes et les numéros représentatifs des lignes, activez l'option **Imprimer** de la zone **En-têtes** du groupe **Options de la feuille de calcul**.

*L'option **Afficher** de cette zone correspond à l'option **Titres** de l'onglet **Affichage** - groupe **Afficher** et permet la visualisation des numéros de lignes et des lettres des colonnes dans la feuille de calcul.*

Certaines fonctionnalités décrites ici sont également accessibles à partir de l'onglet **Fichier** - option **Imprimer** (cf. chapitre Impression - Imprimer un classeur/une feuille/une sélection).

Créer une zone d'impression

Si vous ne souhaitez pas imprimer toute la feuille de calcul, vous pouvez définir une zone d'impression ; cette zone correspond à la partie de la feuille qui sera imprimée.

- Sélectionnez la zone à imprimer.
- Activez, si besoin, l'onglet **Mise en page**.
- Cliquez sur le bouton **ZoneImpr** du groupe **Mise en page** puis sur l'option **Définir**.

Lorsqu'une nouvelle zone d'impression est définie, Excel remplace la dernière zone créée par la nouvelle.

- Pour ajouter une autre zone à imprimer, sélectionnez-la et cliquez sur le bouton **ZoneImpr** puis sur l'option **Ajouter à la zone d'impression**. Faites la même chose pour chaque zone à ajouter.

Les différentes zones d'impression seront imprimées sur des pages différentes.

- Pour supprimer la zone d'impression et imprimer de nouveau toute la feuille de calcul, cliquez sur le bouton **ZoneImpr** puis sur l'option **Annuler**.

Insérer/supprimer un saut de page manuel

Lorsque vous imprimez un tableau relativement grand ou une feuille de calcul contenant plusieurs tableaux, vous pouvez insérer manuellement un saut de page pour répartir les données à imprimer sur plusieurs feuilles.

- Activez la cellule à partir de laquelle les données seront imprimées sur une nouvelle page.

Le saut de page sera inséré au-dessus et à gauche de la cellule active.

- Activez l'onglet **Mise en page** et cliquez sur le bouton **Sauts de page** du groupe **Mise en page** puis sur l'option **Insérer un saut de page**.

Une ligne claire matérialise ce saut de page.

- Pour supprimer un saut de page, activez une cellule de la ligne et/ou de la colonne qui le suit, cliquez sur le bouton **Sauts de page** puis sur l'option **Supprimer le saut de page**.
- Pour supprimer tous les sauts de page manuels, activez n'importe quelle cellule de la feuille de calcul, cliquez sur le bouton **Sauts de page** puis sur l'option **Rétablir tous les sauts de page**.

Nous vous rappelons qu'en mode **Avec sauts de page** - onglet **Affichage**, vous pouvez déplacer les sauts de page (cf. chapitre Affichage).

Répéter des lignes/des colonnes sur chaque page imprimée

Lorsque vous imprimez un grand tableau sur plusieurs feuilles de papier, vous avez la possibilité de répéter les en-têtes de lignes ou de colonnes sur chaque page imprimée.

- Activez l'onglet **Mise en page** et cliquez sur le bouton **Imprimer les titres** du groupe **Mise en page.**

  *La boîte de dialogue **Mise en page** s'ouvre et l'onglet **Feuille** est actif.*

- Cliquez sur le bouton  de la zone **Lignes à répéter en haut** et/ou de la zone **Colonnes à répéter à gauche**, selon le cas, puis sélectionnez dans la feuille, la ou les lignes ou colonnes à répéter.

  Sur cet exemple, les lignes 2, 3 et 4 seront imprimées en haut de chaque page.

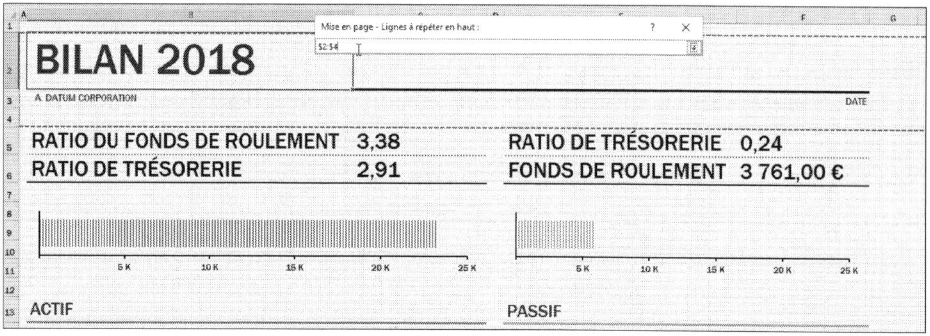

- Cliquez sur le bouton  pour afficher à nouveau la boîte de dialogue en entier.
- Cliquez sur le bouton **OK.**

Créer et gérer des en-têtes et des pieds de page

Le contenu de l'en-tête est imprimé en haut de chaque page tandis que le contenu du pied de page est imprimé au bas de chaque page. Pour chaque en-tête ou pied de page, vous disposez de trois zones de texte : à gauche, au centre et à droite.

Accéder à la zone d'en-tête ou de pied de page

- Activez la feuille concernée puis choisissez l'une des techniques suivantes.
  - En mode Normal, activez l'onglet **Insertion** et cliquez sur le bouton **En-tête/Pied** du groupe **Texte**.

    Cette technique active systématiquement le mode Mise en page.
  - En mode Mise en page, cliquez dans une des zones situées dans la marge du haut.

  *Le point d'insertion clignote dans la zone centrale de l'**En-tête** et l'onglet contextuel **En-tête et pied de page** s'affiche.*

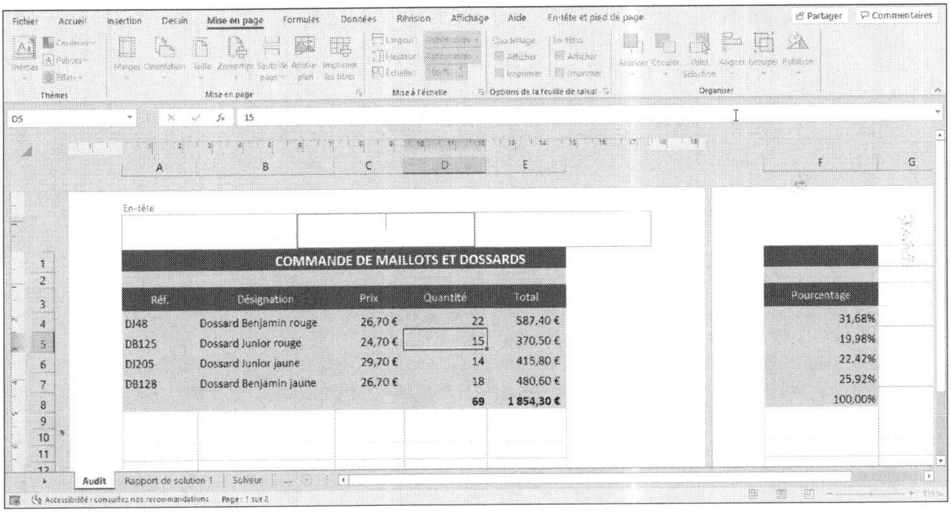

- Pour activer une des deux autres zones de texte, cliquez à l'intérieur ou utilisez la touche ⇥.
- Pour basculer de l'en-tête au pied de page, cliquez sur le bouton **Atteindre le pied de page** du groupe **Navigation** ; pour réactiver l'en-tête, cliquez alors sur le bouton **Atteindre l'en-tête**.

- Pour quitter l'en-tête ou le pied de page, cliquez dans la feuille de calcul ou appuyez sur Echap.

Insérer un en-tête/pied de page prédéfini

- Accédez à la zone d'en-tête ou de pied de page.
- Pour insérer un en-tête, ouvrez la liste **En-tête** du groupe **En-tête et pied de page** de l'onglet contextuel **En-tête et pied de page** ; pour insérer un pied de page, ouvrez la liste **Pied de page.**

  Si Excel propose un seul contenu, il apparaîtra dans la zone centrale ; lorsque plusieurs contenus sont proposés, ils sont séparés par des points-virgules et apparaîtront dans les zones de gauche, centrale et/ou droite.

  L'option ***(aucun)*** *permet d'effacer l'en-tête ou le pied de page.*

- Cliquez sur l'en-tête ou le pied de page souhaité.

  Quelle que soit la position de départ, Excel insère l'en-tête et/ou le pied de page dans des zones déterminées.

Insérer un en-tête/pied de page personnalisé

- Accédez à la zone d'en-tête ou de pied de page puis activez la zone de texte concernée en cliquant dessus.
- Saisissez le texte que vous souhaitez ; utilisez la touche ↵ pour créer plusieurs lignes.

  Pour insérer le signe & (et commercial) dans le texte d'un en-tête ou d'un pied de page, tapez-le à deux reprises. Par exemple, pour inclure "Sous-traitants & services" dans un en-tête, tapez **Sous-traitants && services.**

- Pour insérer des contenus particuliers, cliquez sur le bouton correspondant du groupe **Éléments en-tête et pied de page** de l'onglet contextuel **En-tête et pied de page** : **Numéro de page**, **Nombre de pages**, **Date actuelle**, **Heure actuelle**, **Chemin d'accès** (pour insérer le chemin d'accès et le nom du classeur actif), **Nom de fichier** ou **Nom de la feuille.**

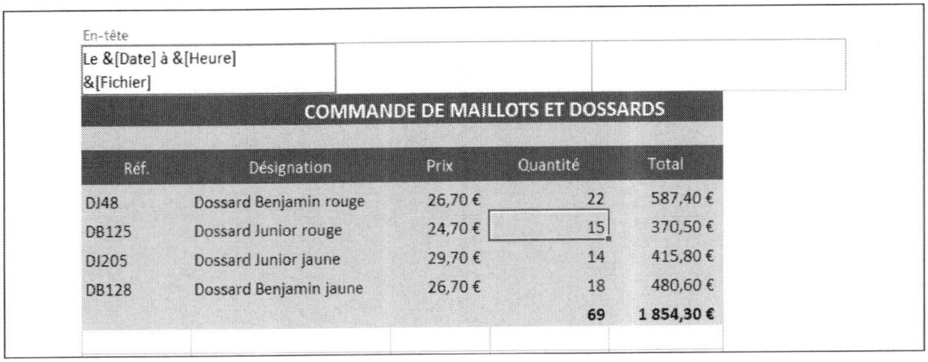

Chaque contenu particulier correspond à un code qui apparaît entre crochets.

- Pour mettre en valeur les caractères, sélectionnez-les et utilisez les outils de l'onglet **Accueil**.

Définir les options des en-têtes/pieds de page

- Accédez à la zone d'en-tête ou de pied de page de la feuille concernée.
- Activez les options suivantes du groupe **Options** de l'onglet **En-tête et pied de page** :

  Première page différente pour différencier l'en-tête et le pied de page de la première page imprimée ; dans ce cas, précisez l'en-tête et/ou le pied de page sur la première page puis sur une des autres pages.

  Pages paires et impaires différentes pour insérer un en-tête ou un pied de page différent sur les pages paires ou impaires ; dans ce cas, précisez l'en-tête et/ou le pied de page sur une des pages impaires puis sur une des pages paires.

  Mettre à l'échelle du document pour utiliser la même taille de police et la même échelle que celle de la feuille de calcul.

  Aligner sur les marges de page pour aligner la marge de l'en-tête ou du pied de page avec les marges droite et gauche de la feuille de calcul.

Supprimer des en-têtes ou pieds de page

- Accédez à la zone d'en-tête ou de pied de page de la feuille concernée.
- Sélectionnez le contenu à supprimer à l'aide d'un cliqué-glissé et appuyez sur Suppr.

  ou

  Ouvrez la liste **En-tête** ou **Pied de page** du groupe **En-tête et pied de page** de l'onglet **En-tête et pied de page** et activez l'option **(aucun)**.

Utiliser l'aperçu avant impression

Il s'agit de visualiser les feuilles du classeur telles qu'elles seront imprimées.

- Activez la feuille de calcul à visualiser.
- Cliquez sur l'onglet **Fichier** puis sur le bouton **Imprimer** (ou Ctrl **P**).

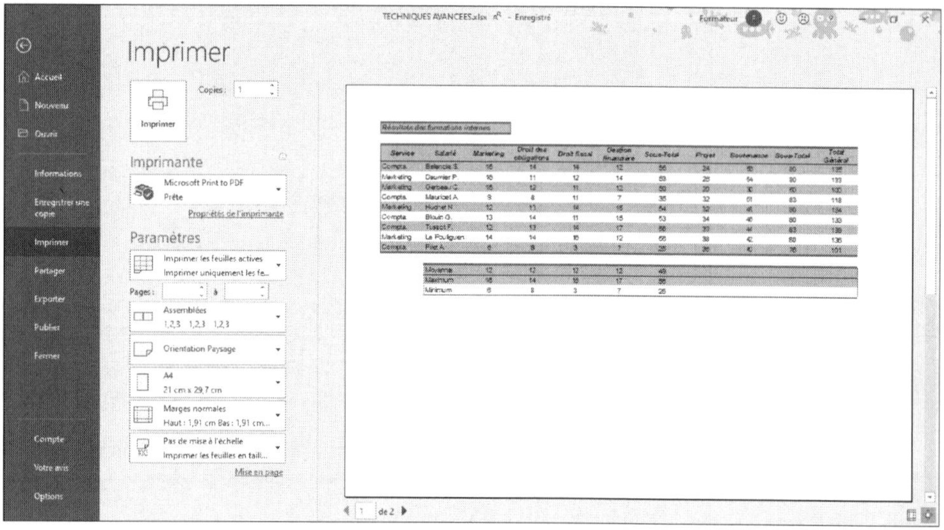

L'image réduite de la feuille telle qu'elle sera imprimée est proposée dans la partie droite de la fenêtre. Si votre imprimante ne gère pas la couleur, l'aperçu apparaît en noir et blanc. Excel affiche sous l'aperçu le numéro de la page en cours et le nombre total de pages qui seront imprimées.

- Pour agrandir l'affichage de l'aperçu, cliquez sur l'icône **Zoom sur la page** située en bas à droite.
- Pour revenir en vision réduite, cliquez de nouveau sur l'icône **Zoom sur la page**.
- Pour afficher une autre page, utilisez les flèches situées en regard des numéros de page.
- Pour afficher toutes les feuilles de calcul du classeur, ouvrez la première liste des **Paramètres** puis cliquez sur l'option **Imprimer le classeur entier**.

- Pour modifier les marges et la largeur des colonnes, cliquez sur l'icône **Afficher les marges** située en bas à droite de l'aperçu.

  Différentes poignées font leur apparition :

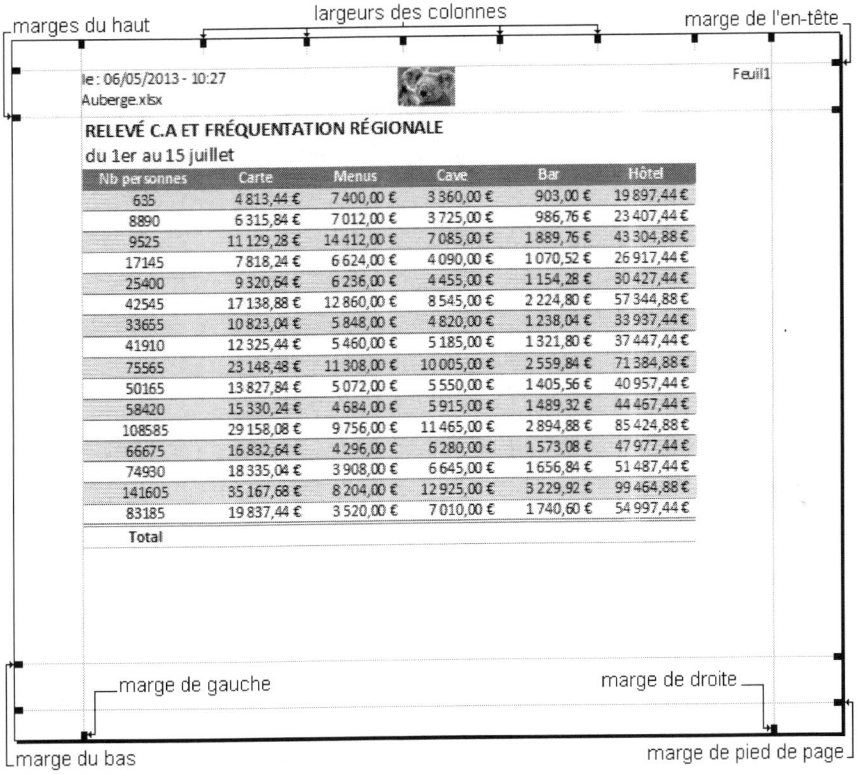

Nb personnes	Carte	Menus	Cave	Bar	Hôtel
635	4 813,44 €	7 400,00 €	3 360,00 €	903,00 €	19 897,44 €
8890	6 315,84 €	7 012,00 €	3 725,00 €	986,76 €	23 407,44 €
9525	11 129,28 €	14 412,00 €	7 085,00 €	1 889,76 €	43 304,88 €
17145	7 818,24 €	6 624,00 €	4 090,00 €	1 070,52 €	26 917,44 €
25400	9 320,64 €	6 236,00 €	4 455,00 €	1 154,28 €	30 427,44 €
42545	17 138,88 €	12 860,00 €	8 545,00 €	2 224,80 €	57 344,88 €
33655	10 823,04 €	5 848,00 €	4 820,00 €	1 238,04 €	33 937,44 €
41910	12 325,44 €	5 460,00 €	5 185,00 €	1 321,80 €	37 447,44 €
75565	23 148,48 €	11 308,00 €	10 005,00 €	2 559,84 €	71 384,88 €
50165	13 827,84 €	5 072,00 €	5 550,00 €	1 405,56 €	40 957,44 €
58420	15 330,24 €	4 684,00 €	5 915,00 €	1 489,32 €	44 467,44 €
108585	29 158,08 €	9 756,00 €	11 465,00 €	2 894,88 €	85 424,88 €
66675	16 832,64 €	4 296,00 €	6 280,00 €	1 573,08 €	47 977,44 €
74930	18 335,04 €	3 908,00 €	6 645,00 €	1 656,84 €	51 487,44 €
141605	35 167,68 €	8 204,00 €	12 925,00 €	3 229,92 €	99 464,88 €
83185	19 837,44 €	3 520,00 €	7 010,00 €	1 740,60 €	54 997,44 €
Total					

  Faites glisser la poignée de votre choix.

- Pour lancer l'impression, vérifiez les options d'impression puis cliquez sur le bouton **Imprimer**.

- Pour quitter l'aperçu sans lancer l'impression, cliquez sur ou appuyez sur la touche Echap.

Les options du cadre **Paramètres** dans le volet central de la fenêtre permettent de modifier directement les options de mise en page (orientation, format du papier...) (cf. Imprimer un classeur/une feuille/une sélection).

Imprimer un classeur/une feuille/une sélection

- Cliquez sur l'onglet **Fichier** puis sur l'option **Imprimer** (ou Ctrl **P**).
- Pour sélectionner une autre imprimante que celle définie par défaut, ouvrez la liste **Imprimante** puis cliquez sur l'imprimante de votre choix.
- Pour n'imprimer que les éléments sélectionnés dans la feuille active, ouvrez la première liste **Paramètres** puis cliquez sur l'option **Imprimer la sélection**.

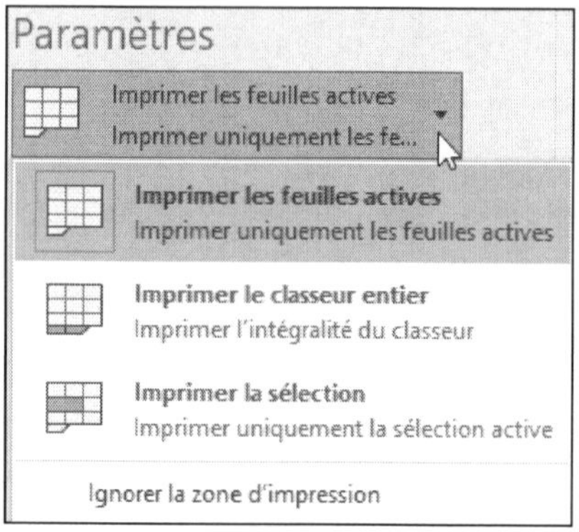

*Vous pouvez aussi **Imprimer les feuilles actives** ou **Imprimer le classeur entier**.*

- Si la feuille de calcul contient des zones d'impression et que Excel ne doit pas en tenir compte, ouvrez la première liste déroulante du cadre **Paramètres** puis cliquez sur l'option **Ignorer la zone d'impression**.
- Pour imprimer un groupe de pages, saisissez le numéro de la première et de la dernière page dans les champs **Pages**.
- Si vous désirez plusieurs exemplaires de votre impression, dans le cadre **Copies** (à droite du bouton **Imprimer**), saisissez le nombre de copies souhaité.

  Si votre impression comporte plusieurs pages et que vous en demandez plusieurs exemplaires, l'option **Assemblées** dans la liste du cadre **Paramètres** permet l'impression d'un exemplaire complet avant l'impression de la première page de l'exemplaire suivant.

- Pour modifier les options de mise en page (orientation, taille de la page, marges), utilisez les listes du cadre **Paramètres** puis choisissez les options souhaitées :

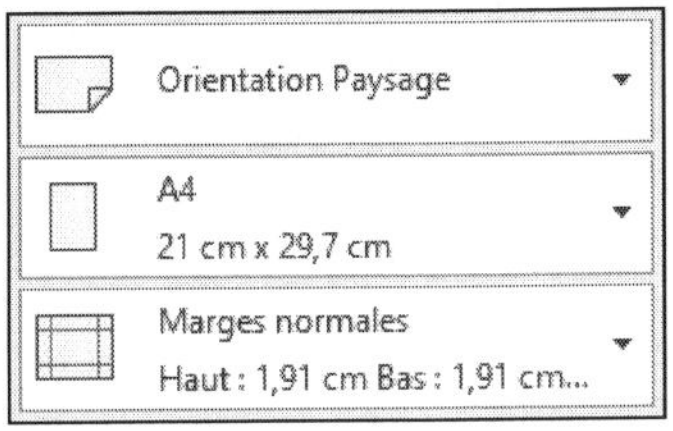

- Si vous souhaitez imprimer une feuille de calcul entière sur une seule page, vous pouvez la mettre à l'échelle. Pour cela, ouvrez la dernière liste du cadre **Paramètres** puis cliquez sur l'option correspondant à vos attentes :

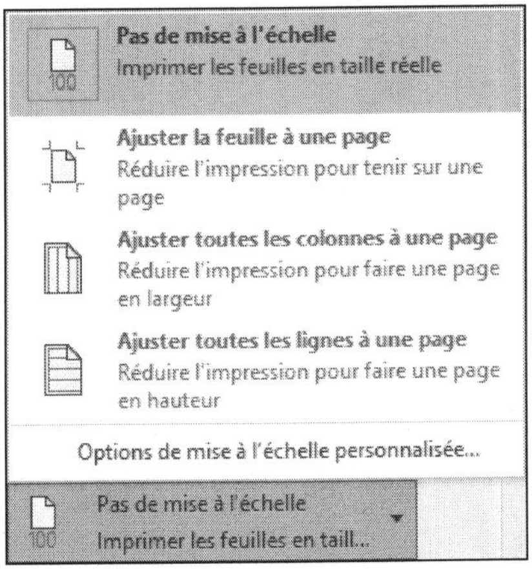

- Lorsque tous les paramètres ont été définis, cliquez sur le bouton **Imprimer** pour lancer l'impression.

Pour lancer une impression de la feuille active selon les paramètres de mise en page actifs, cliquez sur l'outil **Impression rapide** situé sur la barre d'outils **Accès rapide** ; si cet outil n'apparaît pas, ajoutez-le en cliquant sur le bouton **Personnaliser la barre d'outils Accès rapide** et en activant l'option **Impression rapide.**

Création de graphiques

Créer un graphique

- Sélectionnez les données à représenter sous forme de graphique :
  - Si les cellules concernées sont adjacentes, sélectionnez-les par cliqué-glissé.
  - Si les cellules concernées ne sont pas adjacentes, sélectionnez-les par cliqué-glissé en utilisant la touche Ctrl ; veillez à ce que les différentes plages de cellules constituent à elles toutes seules une forme rectangulaire.
  - Si les cellules concernées sont présentées dans un tableau de données, cliquez dans l'une de ses cellules.

Désignation	OUEST	EST
Chambre simpple	1 722,99 €	1 809,47 €
Chambre double	926,58 €	1 284,35 €
Pétit déjeuner	687,37 €	631,12 €
Demi-pension	1 912,18 €	1 560,96 €
Pension complète	998,46 €	1 015,38 €

Excel considère les blocs sélectionnés comme un seul bloc rectangulaire

Désignation	EST
Chambre simpple	1 809,47 €
Chambre double	1 284,35 €
Demi-pension	1 560,96 €
Pension complète	1 015,38 €

Créer un graphique à partir de l'outil Analyse rapide

*L'outil **Analyse rapide** intégré à Excel Microsoft 365 permet de créer facilement un graphique à partir des données sélectionnées.*

- Cliquez sur le bouton **Analyse rapide** qui apparaît en bas à droite de la sélection (ou Ctrl **Q**).

*La galerie **Analyse rapide** est composée de différents onglets : **Mise en forme**, **Graphiques**, **Totaux**, **Tableaux**, **Graphiques sparkline** à partir desquels vous pouvez mettre en forme vos données. L'onglet actif apparaît souligné et en vert.*

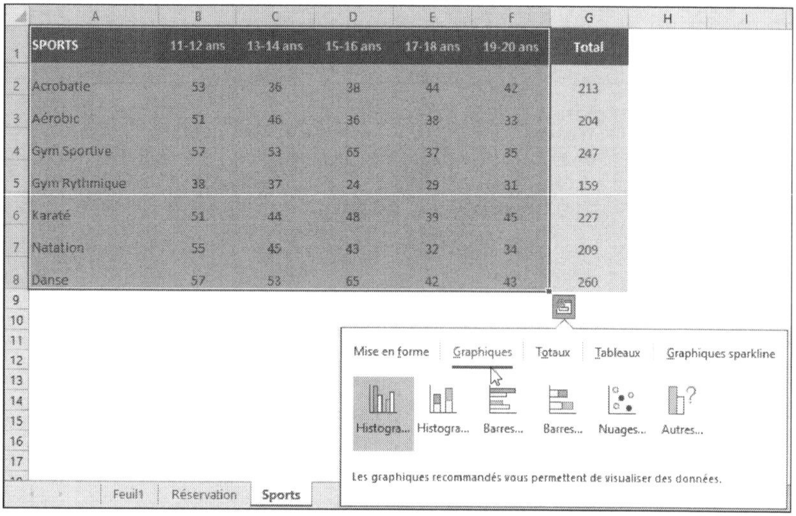

⊡ Activez l'onglet **Graphiques**, puis pointez (sans cliquer) l'un des cinq modèles proposés pour en avoir un aperçu dans une fenêtre individuelle :

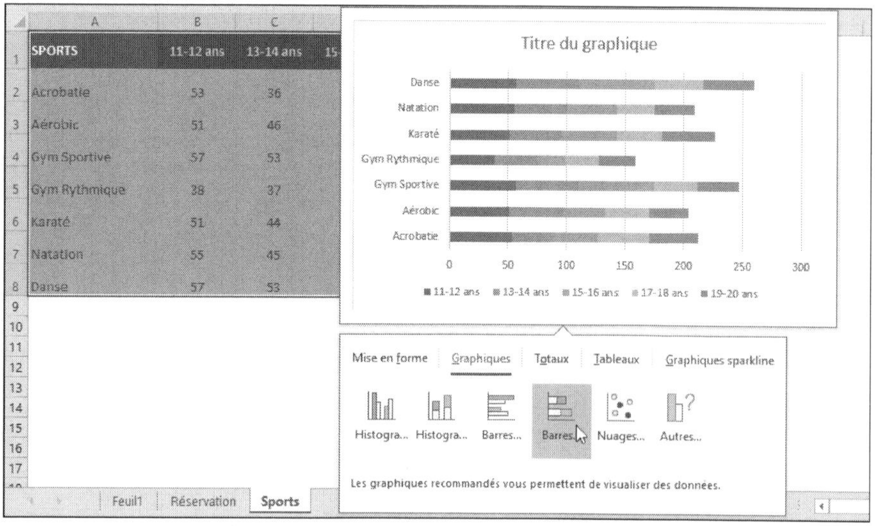

*L'option **Autres graphiques** ferme la galerie **Analyse rapide** et ouvre la fenêtre **Insérer un graphique** (cf. sous-titre suivant).*

- Cliquez sur le modèle de votre choix pour valider et créer le nouveau graphique.

Créer un graphique recommandé

- Après avoir effectué la sélection de vos données, activez l'onglet **Insertion**.
- Dans le groupe **Graphiques**, activez le bouton **Graphiques recommandés** pour permettre à Excel de vous suggérer quelques graphiques particulièrement bien adaptés aux données sélectionnées.
- Activez, si ce n'est déjà fait, l'onglet **Graphiques recommandés** de la fenêtre **Insérer un graphique**.
- Cliquez dans le volet gauche sur l'un des types de graphiques recommandés par Excel.

  Dans la partie droite de la fenêtre, Excel présente vos données sélectionnées sous la forme du graphique choisi et vous guide dans votre choix à l'aide d'un commentaire.

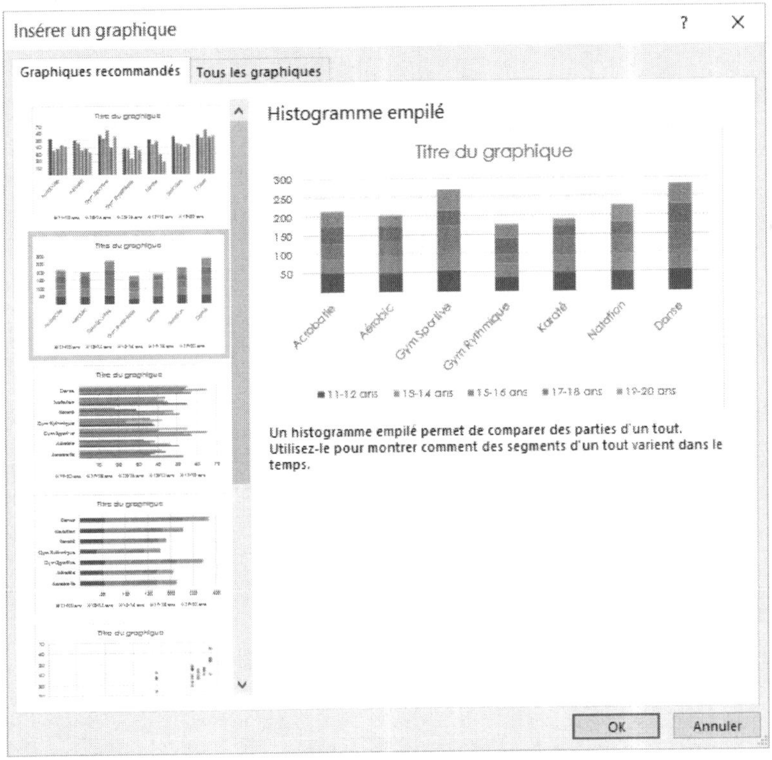

- Si le résultat proposé vous convient, cliquez sur le bouton **OK** pour valider votre choix et créer le graphique.

Choisir le graphique à créer

- Après avoir effectué la sélection de vos données, activez l'onglet **Insertion**.
- Dans le groupe **Graphiques**, ouvrez la liste de l'outil correspondant au type de graphique à créer et cliquez sur un des modèles de graphiques proposés :

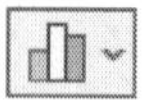 **Histogramme ou graphique à barres**

Les **histogrammes** ou **graphiques à barres** permettent d'illustrer les variations des données sur une période donnée ou de comparer des éléments.

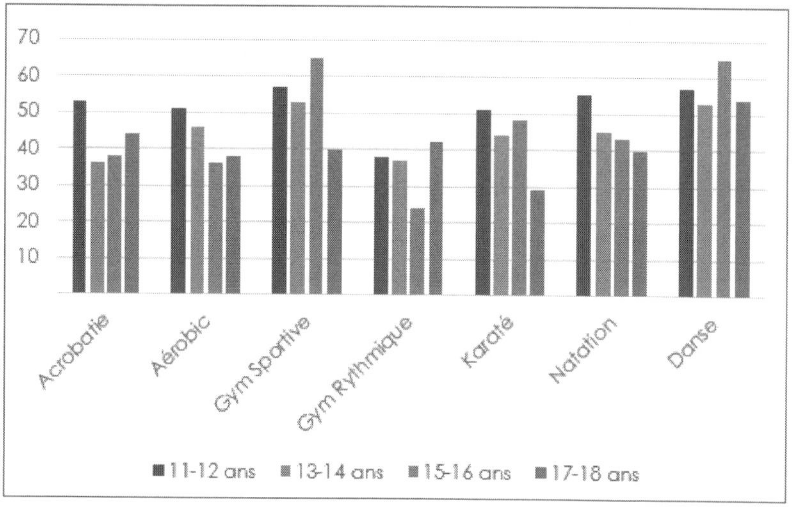

Graphique en courbes ou en aires

Les graphiques en **Courbes** permettent d'afficher des données continues sur une période donnée ; ils sont définis par rapport à une échelle courante et conviennent parfaitement pour représenter les tendances dans les données à des intervalles réguliers.

Les graphiques en **Aires** mettent en valeur l'amplitude des variations sur une période donnée et permettent d'attirer l'attention sur la valeur totale pour une tendance.

Graphique en secteurs ou en anneau

Les graphiques en **Secteur** représentent la taille des éléments d'une seule série de données par rapport à leur somme.

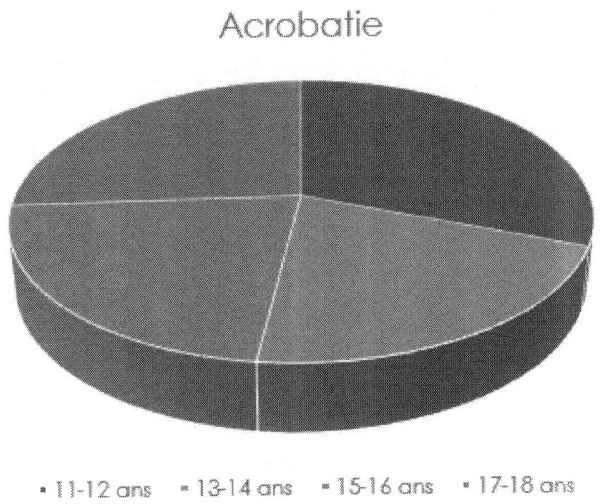

De même que les graphiques en secteurs, les **graphiques en anneau** représentent la relation des différentes parties au total, mais ils peuvent contenir plusieurs séries de données.

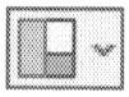 **Graphique hiérarchique** (**Compartimentage** et **Rayons de soleil**)

Les graphiques de type **Compartimentage** représentent les données dans des cadres rectangulaires.

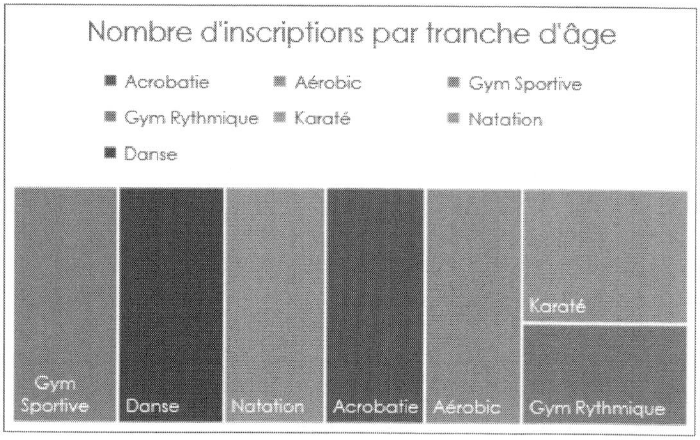

Les graphiques de type **Rayons de soleil** s'utilisent comme les graphiques en secteurs.

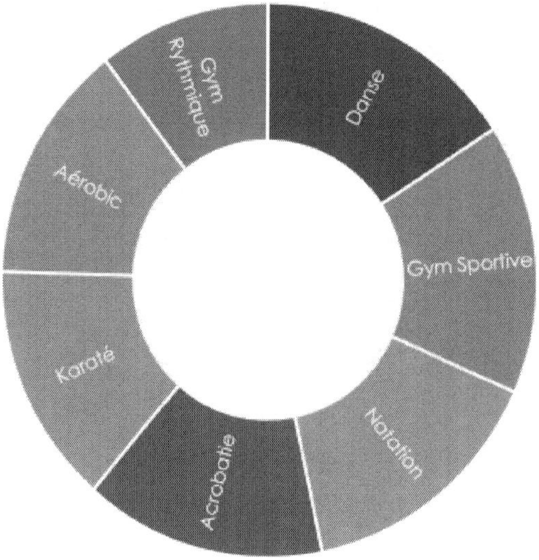

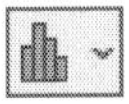

Graphique statistique (**Histogramme**, **Pareto** et **Boîte à moustaches**)

Les graphiques statistiques de type **Histogramme** représente la répartition d'une série de données selon le nombre de fois où cette donnée apparaît.

Sur cet exemple, le graphique ***Histogramme*** *permet d'avoir une vue synthétique de la répartition des commandes par intervalle de dates.*

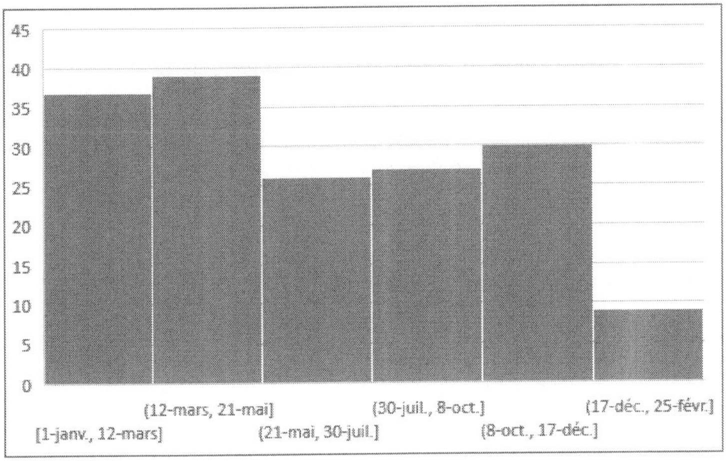

Les graphiques **Pareto** illustrent la loi de Pareto, également appelée "loi des 20/80", selon laquelle 80 % des problèmes résultent de 20 % des causes. C'est un outil d'analyse et d'aide à la décision souvent utilisé dans les contrôles de qualité des produits, la gestion de stock ou l'analyse des processus.

*Sur cet exemple, le graphique **Pareto** permet de classer les catégories d'incident en fonction de leur importance.*

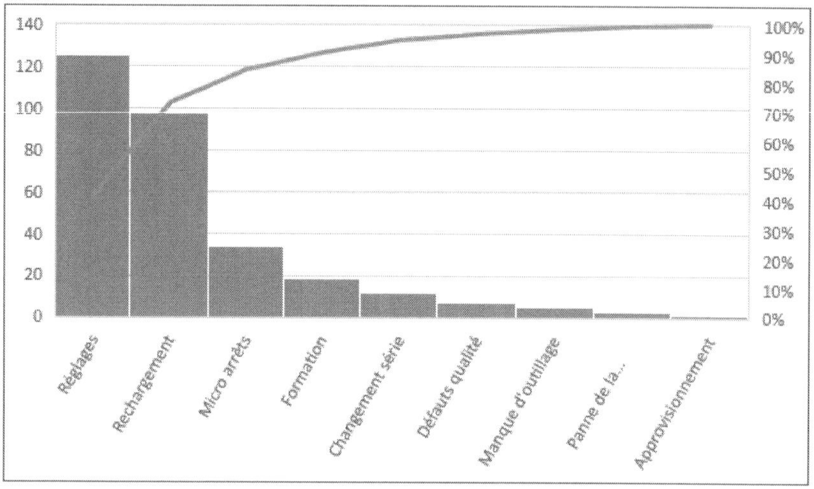

Les graphiques **Boîte à moustache**, également appelés **diagramme de Tukey**, affichent la distribution d'une série de valeurs le long d'un axe, à savoir leur ordre de grandeur ainsi que leur dispersion. Il permet de visualiser plusieurs paramètres de distribution d'une variable : la médiane, la moyenne, l'intervalle interquartile et la valeur maximale et minimale de la série.

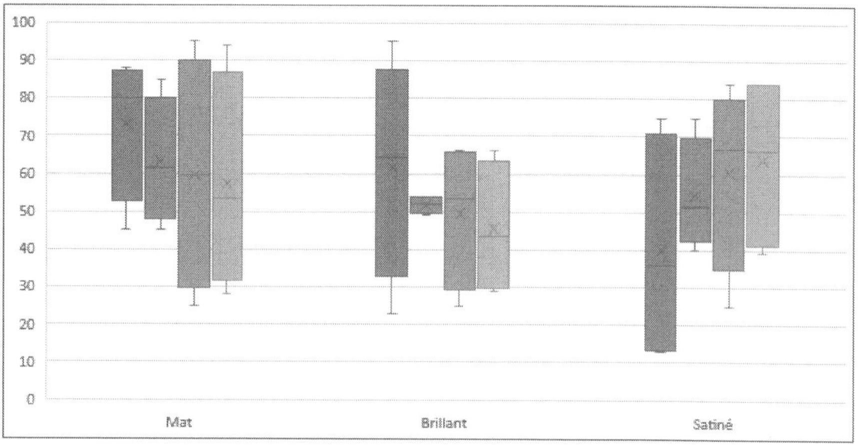

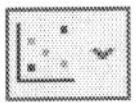

Graphique en nuage de points ou graphique en bulles

Les graphiques en **Nuages de points** représentent les relations entre les valeurs numériques de plusieurs séries de données.

Les graphiques en **Bulles** sont utilisés pour représenter des données agencées en colonnes (les valeurs X sont indiquées dans la première colonne, les valeurs Y correspondantes et les valeurs de la taille des bulles sont dans des colonnes adjacentes).

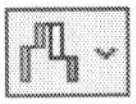

Graphique en cascade, en entonnoir, boursier, en surface ou en radar

Les graphiques **Cascade** sont utilisés pour représenter le détail des variations positives ou négatives d'un graphique en barres. Le plus souvent, ils sont utilisés pour présenter les différentes étapes de constitution d'un compte de résultat ou pour analyser les raisons d'une hausse ou d'une baisse de prix, de durée, etc. ainsi que les facteurs impliqués et la contribution de chacun.

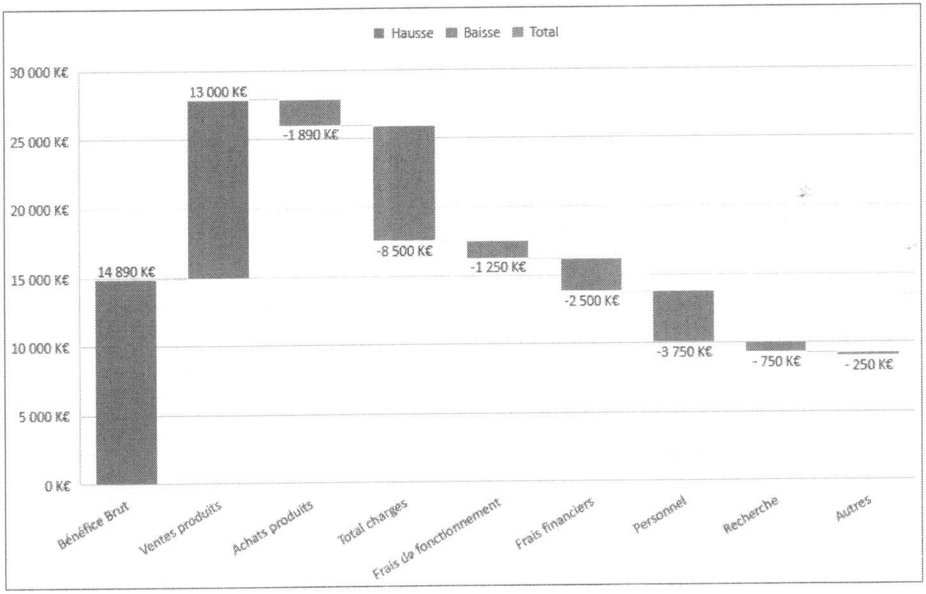

Les graphiques **Entonnoir** sont des graphiques de synthèse qui permettent d'afficher les données sous forme de barres représentant les différentes étapes d'un processus.

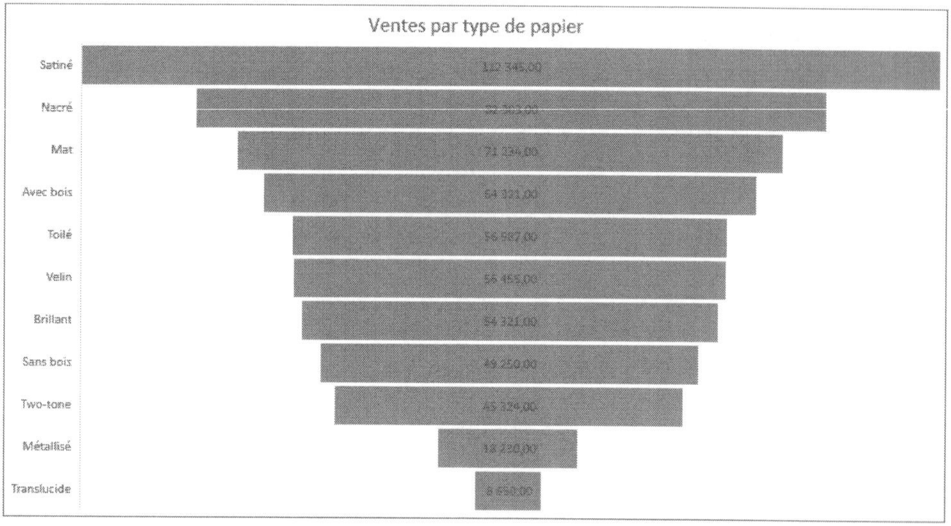

Les graphiques **Boursier** sont utilisés pour représenter la fluctuation des cotations boursières mais aussi pour représenter des données scientifiques.

Les graphiques en **Surface** permettent de rechercher les meilleures combinaisons entre deux ensembles de données.

Les graphiques en **Radar** comparent les valeurs regroupées d'un certain nombre de séries de données.

*Pour choisir le graphique à créer, vous pouvez également cliquer sur le Lanceur de boîte de dialogue du groupe **Graphiques** (onglet **Insertion**) et activer l'onglet **Tous les graphiques**.*

Cliquez dans le volet gauche de la fenêtre sur la catégorie de graphiques souhaitée pour lister en haut de la fenêtre les différents modèles de cette catégorie.

Dans cet exemple, sept modèles de graphiques de type ***Histogramme*** *sont proposés dans la partie droite de la fenêtre* ***Insérer un graphique****. L'aperçu du modèle sélectionné (****Histogramme groupé*** *dans notre exemple) apparaît encadré.*

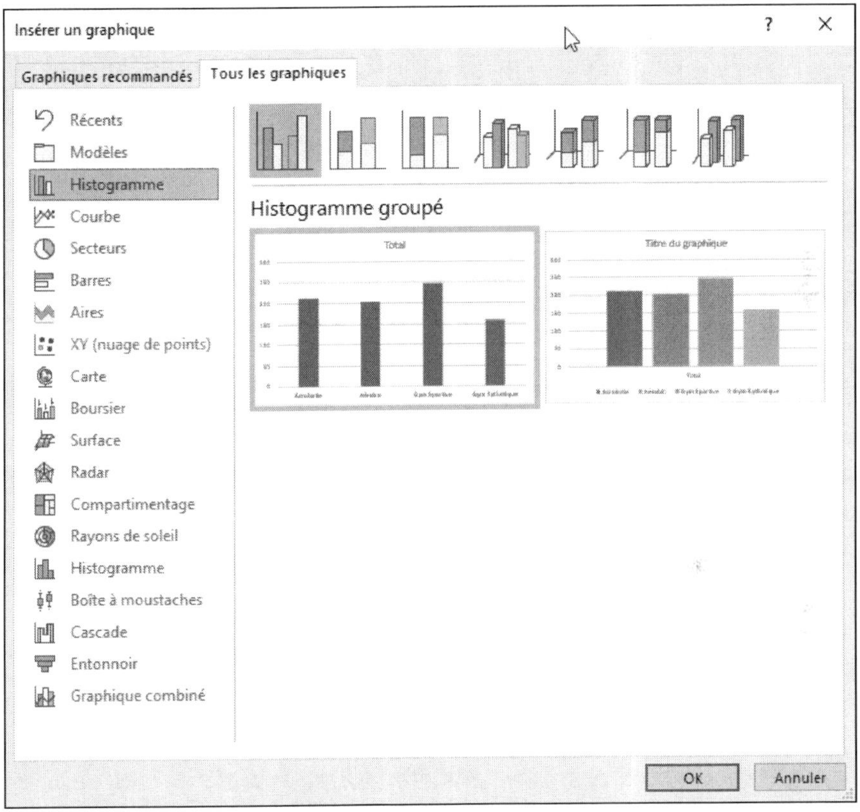

Gérer le graphique créé

*Immédiatement, la **Zone de graphique** apparaît dans la feuille de calcul (ce graphique est appelé graphique incorporé). Les onglets contextuels **Création de graphique** et **Mise en forme** s'affichent.*

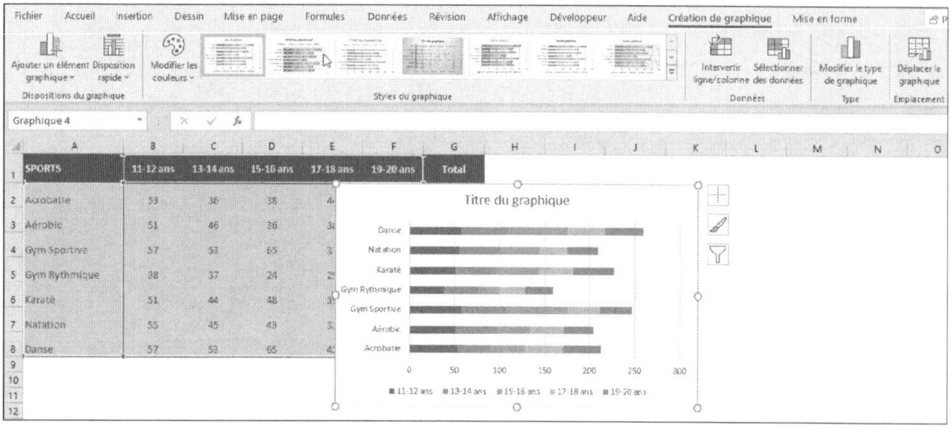

*Notez également la présence des trois outils : **Éléments de graphique*** *, **Styles du graphique***  *et **Filtres du graphique*** *, placés en haut à droite du graphique. Ces outils vous permettent d'ajouter facilement des éléments de graphiques tels que des titres d'axe, des étiquettes de données... et/ou de personnaliser l'aspect du graphique (ces procédures sont décrites en détails dans les titres suivants de cet ouvrage).*

Lorsqu'un graphique incorporé, créé à partir de données adjacentes, est sélectionné, des plages de cellules codées par des couleurs apparaissent ; elles mettent en valeur les données de la feuille de calcul utilisées dans le graphique.

Déplacez, si besoin est, le graphique comme n'importe quel objet graphique : pour cela pointez un des bords extérieurs de l'objet (**Zone de graphique**) puis faites-le glisser. Vous pouvez aussi modifier ses dimensions en faisant glisser une des poignées.

Sauf intervention de votre part, toutes les modifications apportées aux données sources sont répercutées dans le graphique car ils sont liés.

Le nombre de points de série de données d'un graphique 2D n'est limité que par la mémoire disponible de l'ordinateur.

Pour créer rapidement un graphique se basant sur le type de graphique par défaut, sélectionnez les données à présenter puis appuyez sur Alt F1 pour créer un graphique incorporé ou sur Nouveauté F11 pour créer un graphique dans une feuille graphique distincte.

Créer un graphique de type Carte 2D

Ce type de graphique permet de représenter des valeurs ou des catégories sur une carte géographique. Pour utiliser ce type de graphique, les données de la première colonne du tableau doivent comporter des données géographiques comme, par exemple, des noms de pays, de régions, de départements, de villes ou des codes postaux, les valeurs numériques ou les catégories doivent être renseignées dans les colonnes suivantes.

- Sélectionnez une seule cellule du tableau si toutes les données du tableau doivent être représentées ou sélectionnez la plage de données concernée.
- Activez l'onglet **Insertion** et le bouton **Cartes** du groupe **Graphiques.**

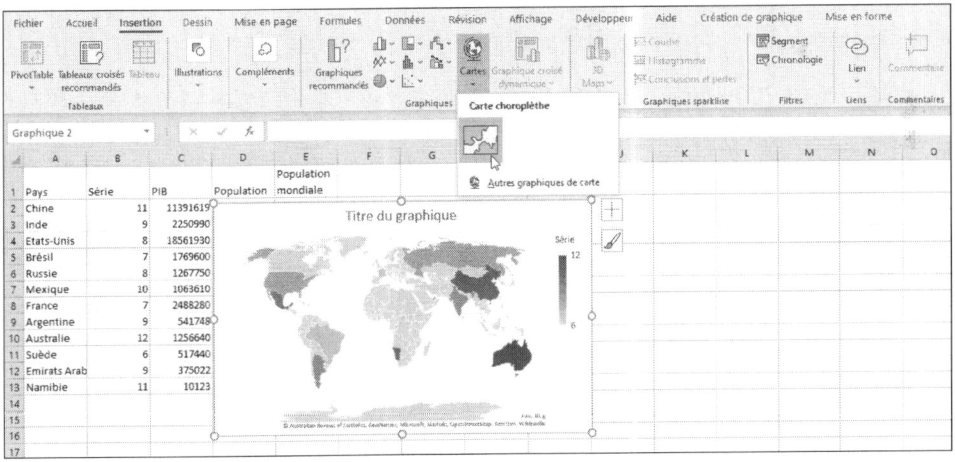

- Cliquez sur le modèle **Carte choroplèthe.**

*Une fois le graphique créé, ce dernier s'affiche sur la feuille de calcul. Comme pour tout autre graphique, vous pouvez utiliser les commandes de l'onglet contextuel **Création de graphique** pour ajouter des éléments au graphique, appliquer un autre style de graphique, modifier les couleurs, le déplacer sur une feuille graphique...*

*Sur cet exemple, le type de couleur **Divergent (3 couleurs)** a été appliqué aux séries de données :*

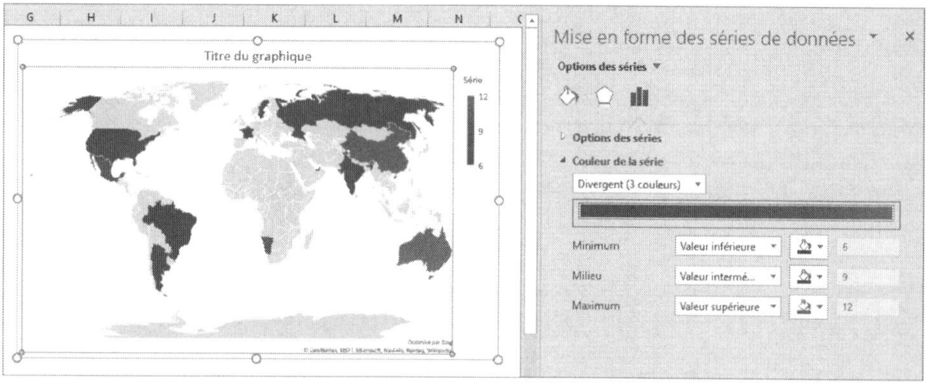

Activer/désactiver un graphique incorporé

- Pour activer un graphique incorporé, cliquez une fois dessus de façon à sélectionner l'objet graphique ou à sélectionner un des éléments du graphique.

  *Les onglets contextuels **Création de graphique** et **Mise en forme** s'affichent à nouveau.*

- Pour désactiver un graphique incorporé, cliquez dans une cellule en dehors du graphique.

Changer l'emplacement d'un graphique

Par défaut, un graphique est créé dans un cadre nommé Zone graphique sur une feuille de calcul (on parle de graphique incorporé) ; vous pouvez changer son emplacement de manière à ce qu'il apparaisse dans une feuille à part entière (une feuille graphique) ou dans une autre feuille de calcul, en tant que graphique incorporé.

- S'il s'agit d'un graphique incorporé, cliquez dessus pour le sélectionner ; s'il s'agit d'un graphique existant dans une feuille graphique, cliquez sur l'onglet de la feuille pour l'activer.
- Activez l'onglet **Création de graphique** et cliquez sur le bouton **Déplacer le graphique** du groupe **Emplacement.**

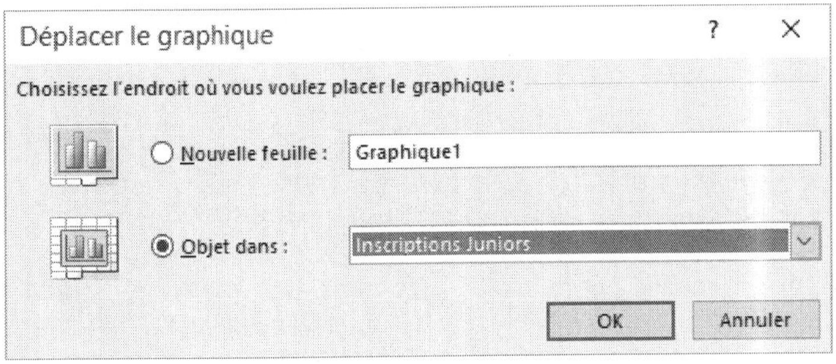

- Pour déplacer le graphique dans une feuille à part entière, activez l'option **Nouvelle feuille** et, dans la zone de saisie qui suit, modifiez si besoin, le nom de cette nouvelle feuille.
- Pour déplacer le graphique dans une feuille existante en tant que graphique incorporé, ouvrez la liste **Objet dans** et sélectionnez la feuille voulue.
- Cliquez sur le bouton **OK.**

  Si vous avez choisi de transférer le graphique dans une nouvelle feuille, celle-ci est insérée avant la feuille active.

Inverser les données d'un graphique

Il s'agit d'inverser les séries de données et les catégories.

- Activez, si besoin, le graphique.

- Activez l'onglet **Création de graphique** et cliquez sur le bouton **Intervertir ligne/ colonne** du groupe **Données**.

  Immédiatement, les données représentées en abscisse sont présentées en ordonnée et inversement.

Vous pouvez aussi cliquer sur le bouton **Sélectionner des données** du groupe **Données** de l'onglet **Création de graphique** puis dans la boîte de dialogue **Sélectionner la source de données** qui s'affiche, cliquer sur le bouton **Intervenir ligne/colonne.**

Modifier la source de données du graphique

Cette technique permet de modifier les références des cellules représentées dans le graphique.

Première méthode

Cette méthode est réservée au graphique incorporé ; si vous devez ajouter des séries de données, ces dernières doivent être contigües à celles existantes sur le graphique.

- Sélectionnez la zone de graphique.

  Nous vous rappelons que sur la feuille de calcul, les cellules contenant les points de données sont entourées d'un rectangle bleu.

- Faites glisser la poignée du rectangle bleu de façon à insérer ou à supprimer les valeurs des nouvelles données dans le graphique.

Seconde méthode

- Activez, si besoin est, le graphique.
- Activez l'onglet **Création de graphique** et cliquez sur le bouton **Sélectionner des données** du groupe **Données**.
- Dans la boîte de dialogue **Sélectionner la source de données** qui s'affiche, cliquez sur le bouton, si besoin, pour sélectionner la feuille contenant les nouvelles données à représenter, sélectionnez-les puis cliquez sur le bouton pour retrouver l'affichage de la boîte de dialogue.
- Cliquez sur le bouton **OK**.

Ajouter une ou plusieurs séries de données au graphique

- Activez, si besoin est, le graphique.
- Activez l'onglet **Création de graphique** et cliquez sur le bouton **Sélectionner des données** du groupe **Données.**

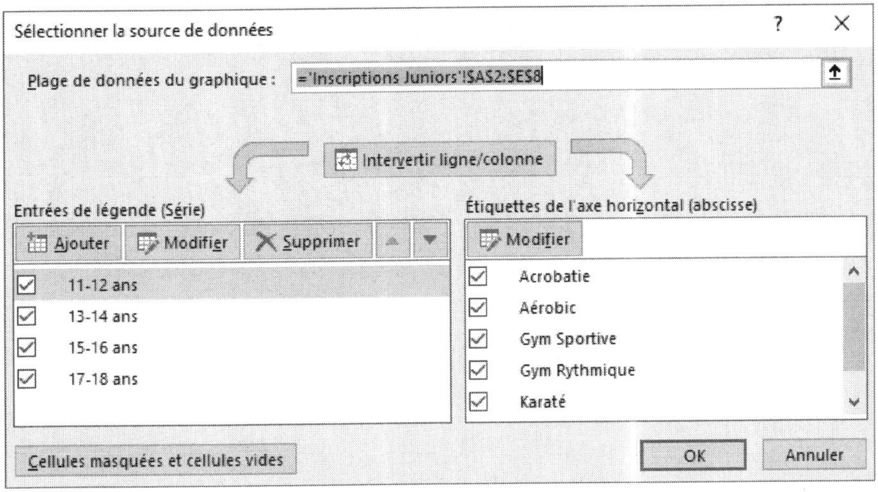

Pour ajouter plusieurs séries en une seule fois, celles-ci doivent être dans des cellules adjacentes.

*Les séries (colonne **Entrées de légende**) cochées sont déjà intégrées dans le graphique.*

- Cliquez sur le bouton **Ajouter** de la boîte de dialogue **Sélectionner la source de données.**
- Dans la zone **Nom de la série**, utilisez le bouton pour sélectionner la ou les cellule(s) contenant les étiquettes de(s) série(s) à ajouter.
- Dans la zone **Valeurs de la série**, utilisez le bouton pour sélectionner les cellules contenant les données numériques de(s) série(s) à ajouter.

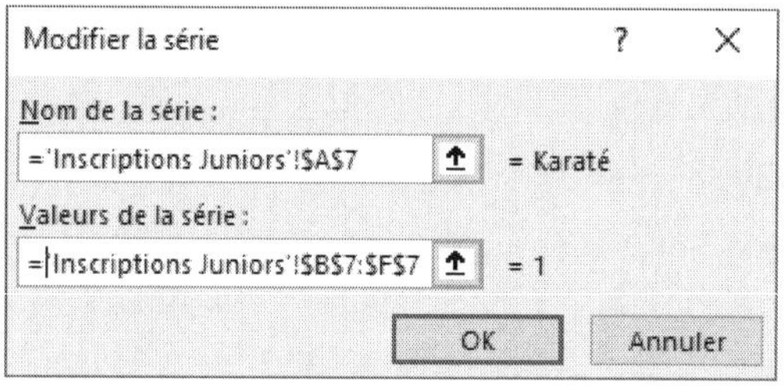

- Cliquez sur le bouton **OK** à deux reprises.

Vous pouvez aussi, comme pour modifier la source des données du graphique, faire glisser le rectangle bleu (qui apparaît dans la feuille de calcul) de manière à insérer les cellules contenant les données de la nouvelle série.

Supprimer une série de données du graphique

- Activez, si besoin est, le graphique et sélectionnez la série à supprimer en cliquant sur la série (barre, courbe...).
- Appuyez sur la touche Suppr.

Le bouton **Supprimer** de la boîte de dialogue **Sélectionner la source de données** permet aussi de supprimer la série sélectionnée dans la zone **Entrées de légende (Série)**. Vous pouvez aussi décocher la ou les séries de votre choix dans cette boîte de dialogue afin de les désactiver.

Modifier l'ordre des séries de données du graphique

- Activez, si besoin est, le graphique.
- Activez l'onglet **Création de graphique** et cliquez sur le bouton **Sélectionner des données** du groupe **Données**.
- Cliquez sur la série dont l'ordre doit être modifié dans la partie **Entrées de légende (Série)** de la boîte de dialogue **Sélectionner la source de données**.
- Cliquez sur le bouton ˄ ou ˅ en fonction du déplacement désiré.
- Cliquez sur le bouton **OK**.

Modifier la source des étiquettes des abscisses

- Activez, si besoin est, le graphique.
- Activez l'onglet **Création de graphique** et cliquez sur le bouton **Sélectionner des données** du groupe **Données**.
- Cliquez sur le bouton **Modifier** dans la partie **Étiquettes de l'axe horizontal (abscisse)**.
- Utilisez le bouton [↑] pour sélectionner les cellules contenant les étiquettes à ajouter.
- Cliquez sur le bouton **OK** de la boîte de dialogue **Étiquettes des axes**.
- Cliquez sur le bouton **OK** de la boîte de dialogue **Sélectionner la source de données**.

Vous pouvez aussi sélectionner la première série du graphique puis modifier le deuxième argument de la fonction SERIE() visible dans la barre de formule.

Créer/supprimer des graphiques sparkline

Pour obtenir une représentation visuelle et compacte des tendances de vos données directement dans une cellule, vous pouvez y insérer de minuscules graphiques appelés ***graphiques sparkline****. Ces graphiques sont imprimés en même temps que la feuille de calcul dans laquelle ils se trouvent.*

- Sélectionnez une ou plusieurs cellules vides dans lesquelles vous souhaitez insérer un graphique sparkline (il est conseillé de placer les graphiques sparkline près des cellules contenant les données, mais ce n'est pas obligatoire).
- Activez l'onglet **Insertion**.
- Dans le groupe **Graphiques sparkline**, cliquez sur le bouton correspondant au type de graphique sparkline à créer : **Courbes**, **Histogramme** ou **Conclusions et pertes**.
- Dans la boîte de dialogue **Créer des graphiques sparkline** qui s'affiche, cliquez sur le bouton [↑] pour sélectionner la feuille contenant les données concernées par les graphiques, sélectionnez-les puis cliquez sur le bouton [↓] pour retrouver l'affichage de la boîte de dialogue.

- Selon le même principe, modifiez si nécessaire la **Plage d'emplacements** des graphiques sparkline.

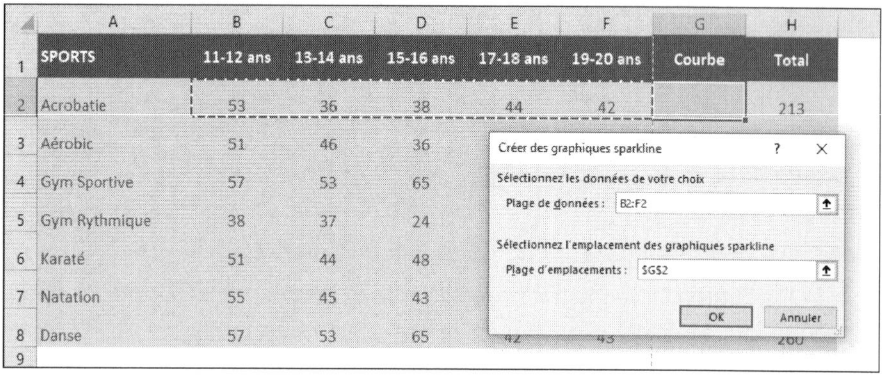

SPORTS	11-12 ans	13-14 ans	15-16 ans	17-18 ans	19-20 ans	Courbe	Total
Acrobatie	53	36	38	44	42		213
Aérobic	51	46	36				
Gym Sportive	57	53	65				
Gym Rythmique	38	37	24				
Karaté	51	44	48				
Natation	55	45	43				
Danse	57	53	65				

- Cliquez sur **OK** pour valider.

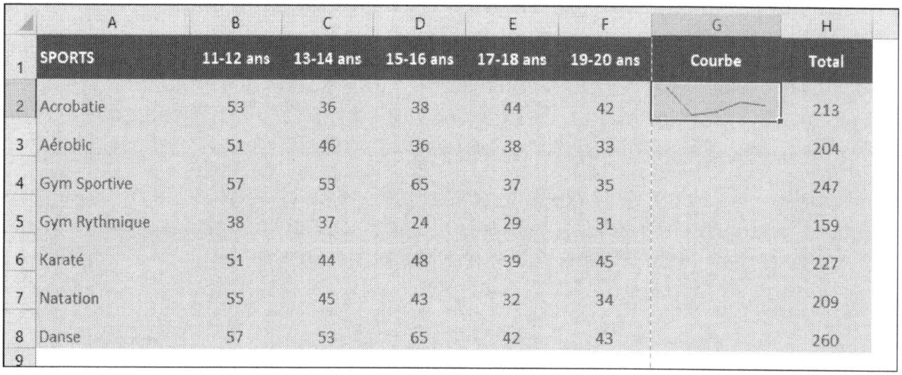

SPORTS	11-12 ans	13-14 ans	15-16 ans	17-18 ans	19-20 ans	Courbe	Total
Acrobatie	53	36	38	44	42		213
Aérobic	51	46	36	38	33		204
Gym Sportive	57	53	65	37	35		247
Gym Rythmique	38	37	24	29	31		159
Karaté	51	44	48	39	45		227
Natation	55	45	43	32	34		209
Danse	57	53	65	42	43		260

Le petit graphique apparaît en arrière-plan de la ou des cellules choisies. Contrairement à un graphique ordinaire, le graphique sparkline n'est pas un objet, il est juste imbriqué dans une cellule. Vous pouvez donc, si besoin, saisir un texte dans la cellule contenant le graphique en arrière-plan comme vous le feriez dans une cellule ordinaire :

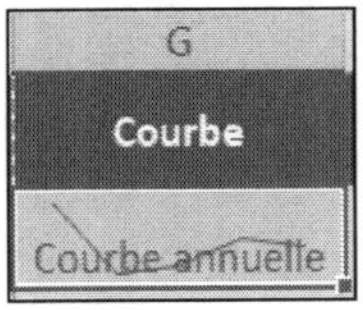

- Ajustez si besoin la hauteur de la ou des lignes pour mieux visualiser le graphique.
- Pour reproduire un graphique sparkline sur les cellules adjacentes, utilisez la poignée de recopie située dans l'angle inférieur droit de la cellule contenant le premier graphique sparkline.

SPORTS	11-12 ans	13-14 ans	15-16 ans	17-18 ans	19-20 ans	Courbe	Total
Acrobatie	53	36	38	44	42		213
Aérobic	51	46	36	38	33		204
Gym Sportive	57	53	65	37	35		247
Gym Rythmique	38	37	24	29	31		159
Karaté	51	44	48	39	45		227
Natation	55	45	43	32	34		209
Danse	57	53	65	42	43		260

- Pour sélectionner un graphique sparkline, cliquez sur la cellule dans laquelle il apparaît en arrière-plan.

  Si le graphique sparkline fait partie d'un groupe, un cadre bleu entoure ce groupe de graphiques sparkline (ce qui est le cas dans notre exemple). Notez que dans ce cas, les modifications de mise en forme apportées à l'un des graphiques seront reproduites sur tous les graphiques sparkline du groupe.

Lorsque vous cliquez sur une cellule contenant un graphique sparkline, l'onglet contextuel ***Graphique spartkline*** *contenant les groupes* ***Graphique sparkline, Type, Afficher, Style*** *et* ***Groupe*** *apparaît.*

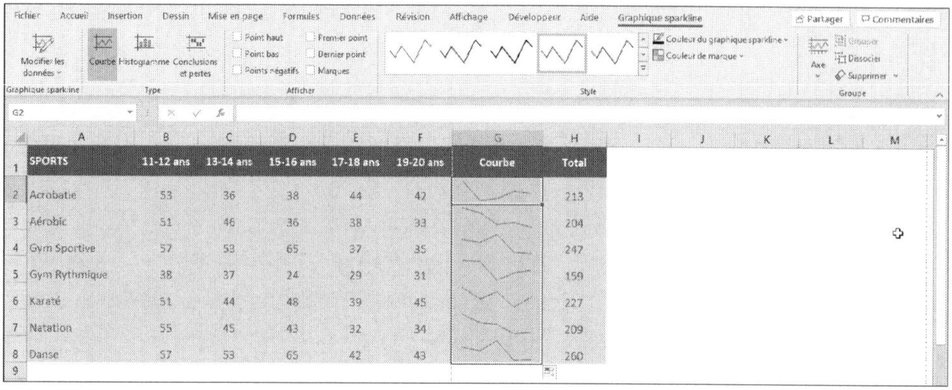

Pour supprimer un graphique sparkline ou un groupe de graphiques sparkline, sélectionnez le ou les éléments concernés, activez l'onglet **Graphique sparkline** puis ouvrez la liste du bouton **Supprimer** du groupe **Groupe** et cliquez sur l'option **Supprimer les graphiques sparkline sélectionnés** ou **Supprimer les groupes de graphiques sparkline sélectionnés.**

Pour associer des graphiques sparkline à une sélection de données vous pouvez aussi cliquer sur le bouton **Analyse rapide** puis activer l'onglet **Graphiques sparkline** afin de choisir l'un des trois types de graphiques conseillés.

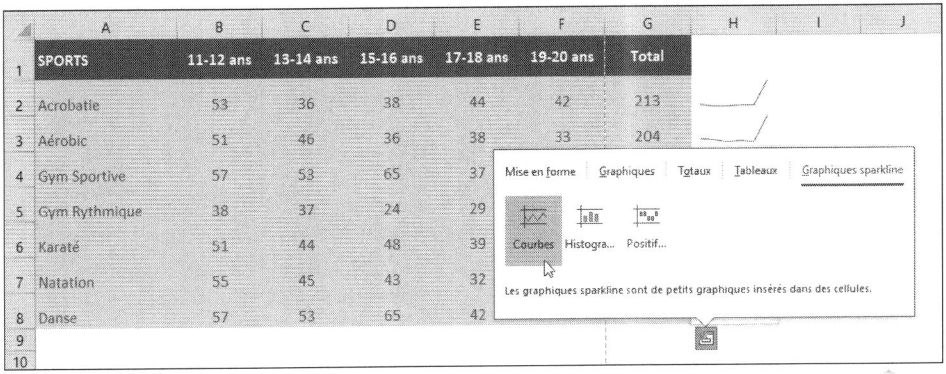

Modifier un graphique sparkline

- Pour sélectionner un graphique sparkline, cliquez sur le graphique concerné (s'il fait partie d'un groupe et que seul le graphique sélectionné doit être modifié, alors dissociez-le au préalable).
- Pour dissocier un des graphiques sparkline du groupe, sélectionnez le graphique concerné (le groupe est alors entouré d'un trait bleu), activez l'onglet **Graphique sparkline** puis cliquez sur le bouton **Dissocier** du groupe **Groupe.**

  Une fois dissocié du groupe, le graphique sparkline peut être modifié indépendamment des autres.
- Pour modifier le **Type** d'un graphique sparkline ou d'un groupe de graphiques sparkline, sélectionnez un des graphiques concernés, puis cliquez sur le bouton **Courbes**, **Histogramme** ou **Conclusions et pertes** du groupe **Type** de l'onglet **Graphique spartkline.**
- Pour appliquer un style prédéfini sur un graphique sparkline, sélectionnez un des graphiques concernés, puis cliquez sur le style souhaité qui apparaît dans le groupe **Style** de l'onglet **Graphique sparkline.**

- Si la plage de données relative au graphique sparkline contient des dates, vous pouvez organiser les points de données dans ce graphique afin d'identifier les périodes irrégulières. Pour cela, cliquez sur le bouton **Axe** du groupe **Groupe** de l'onglet **Graphique sparkline**, puis cliquez sur l'option **Type de l'axe de date.** Dans la boîte de dialogue **Graphique sparkline - Plage de dates**, renseignez le champ **Sélectionnez la plage qui contient les valeurs de date pour les données du graphique sparkline** puis validez par **OK.**
- Pour afficher ou masquer certains marqueurs de données individuels (valeurs) dans un graphique sparkline de type Ligne, dans le groupe **Afficher** de l'onglet **Graphique sparkline**, cochez ou décochez les options **Marques**, **Points négatifs** (valeurs négatives), **Point haut** (valeur la plus haute), **Point bas** (valeur la plus basse), **Premier point** (première valeur) ou **Dernier point** (dernière valeur) selon les points de valeur à afficher ou à masquer.
- Pour modifier les données et l'emplacement du groupe de sparkline ou uniquement les données d'un seul graphique sparkline, cliquez sur le graphique (du groupe ou individuel) puis cliquez sur le bouton **Modifier les données** du groupe **Graphique sparkline**, et enfin cliquez sur l'option souhaitée :

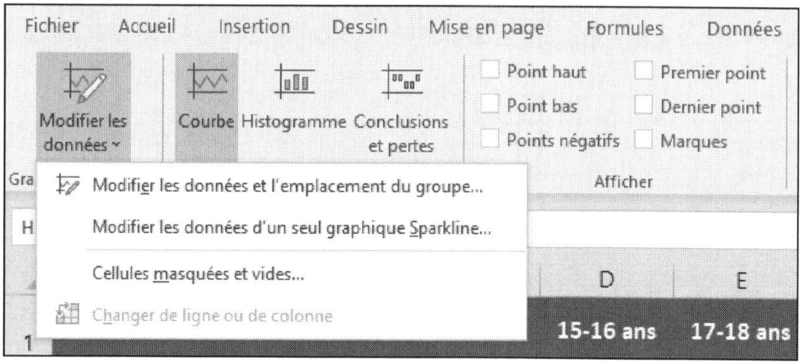

- Renseignez le ou les champs demandés dans la boîte de dialogue **Modifier les graphiques sparkline** ou **Modifier les données du graphique sparkline** selon le cas, puis validez par **OK.**
- Pour déterminer la façon dont le graphique sparkline doit gérer les cellules vides de la plage de cellules source, cliquez sur le bouton **Modifier les données** du groupe **Graphique sparkline** de l'onglet **Création de graphique**, puis cliquez sur l'option **Cellules masquées et vides.**

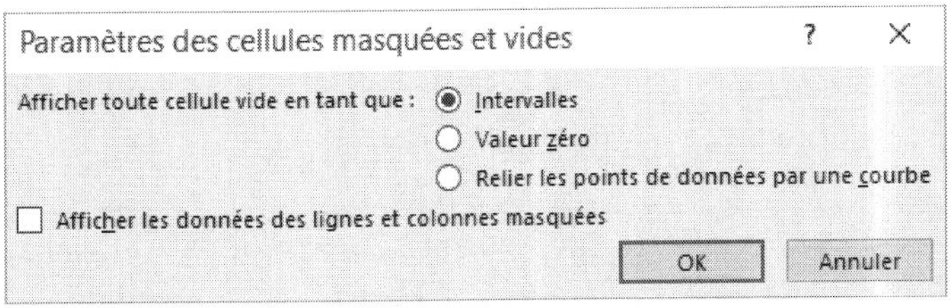

- Pour définir l'affichage des cellules vides des graphiques sparkline, activez l'option :
  - **Intervalles** : pour insérer une zone vide à la place de la donnée manquante et des éventuelles séries précédentes.

  Dans cet exemple, aucun chiffre n'ayant été saisi dans la colonne 13-14 ans, le sparkline occulte totalement ce champ ainsi que la série précédente (11-12 ans).

SPORTS	11-12 ans	13-14 ans	15-16 ans	17-18 ans	19-20 ans	Courbe
Acrobatie	57		89	38	45	

  - **Valeur zéro** pour représenter la cellule vide par zéro.

  Ici, la valeur manquante est remplacée par la valeur zéro. Notez que dans ce cas, la ou les valeurs des séries précédentes sont représentées dans le sparkline.

SPORTS	11-12 ans	13-14 ans	15-16 ans	17-18 ans	19-20 ans	Courbe
Acrobatie	57		89	38	45	

  - **Relier les points de données par une courbe** sans tenir compte de la valeur manquante :

SPORTS	11-12 ans	13-14 ans	15-16 ans	17-18 ans	19-20 ans	Courbe
Acrobatie	57		89	38	45	

- Pour intégrer au graphique sparkline les valeurs des cellules masquées, cochez l'option **Afficher les données des lignes et colonnes masquées.**
- Validez par **OK.**

Sélectionner les éléments d'un graphique

- Activez, si besoin, le graphique.
- Pointez l'élément que vous souhaitez sélectionner et cliquez.

  Lorsque vous pointez un élément, son nom, et selon l'élément, sa valeur apparaissent dans une info-bulle. Lorsqu'un élément est sélectionné, il est entouré de poignées de sélection.

  *Si vous cliquez avec le bouton droit de la souris, vous activez simultanément l'onglet contextuel **Création de graphique** ou **Mise en forme**, mais également le menu contextuel composé d'options spécifiques :*

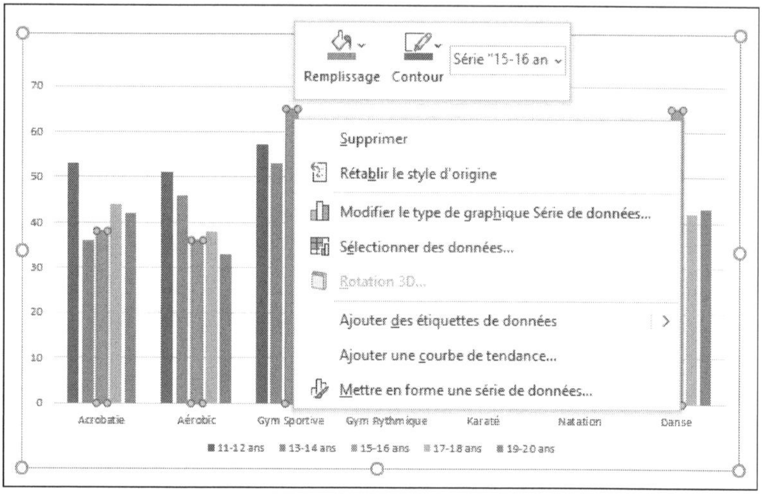

- Pour sélectionner un point d'une série, cliquez d'abord sur la série puis sur le point à sélectionner.

Sélectionner tous les éléments d'un graphique revient à sélectionner l'élément intitulé **Zone de graphique**.

Vous pouvez aussi activer l'onglet **Mise en forme**, ouvrir la liste **Éléments de graphique** du groupe **Sélection active** et cliquer sur l'élément de graphique que vous souhaitez sélectionner.

Modifier le type du graphique/d'une série

- Pour modifier l'ensemble du graphique, activez simplement le graphique ; pour modifier une série de données du graphique, sélectionnez-la.
- Activez l'onglet **Création de graphique** et cliquez sur le bouton **Modifier le type de graphique** du groupe **Type**.
- Activez, si ce n'est pas déjà fait, l'onglet **Tous les graphiques**.

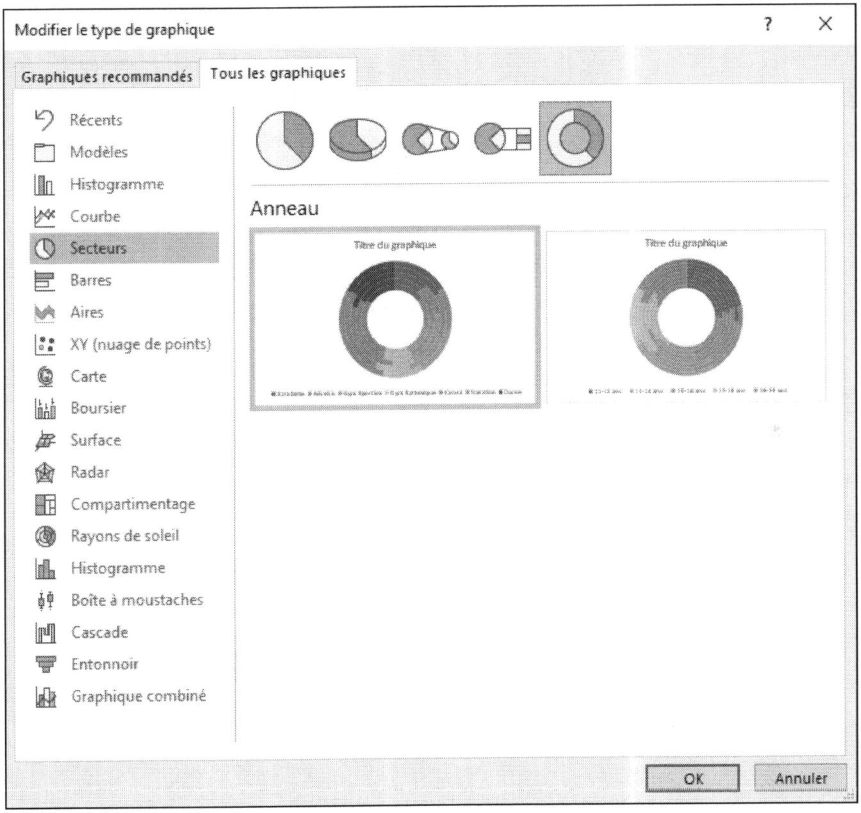

- Cliquez sur un type de graphique dans la partie gauche de la boîte de dialogue puis faites un double clic sur le sous-type de graphique souhaité, dans la partie droite de la boîte de dialogue.

Si vous utilisez fréquemment le même type de graphique, vous avez intérêt à le définir comme type de graphique par défaut : après avoir sélectionné le type de graphique dans la boîte de dialogue **Modifier le type de graphique**, faites un clic droit sur le sous-type de graphique concerné puis cliquez sur le bouton **Définir comme graphique par défaut.**

Appliquer une mise en forme prédéfinie au graphique

Les différents modèles de disposition proposés par défaut permettent d'afficher un emplacement pour le titre du graphique, la légende, la table des données...

- Activez, si besoin est, le graphique concerné puis l'onglet **Création de graphique.**

Appliquer une disposition

- Ouvrez la liste associée au bouton **Disposition rapide** du groupe **Dispositions du graphique** puis cliquez sur la mise en forme souhaitée.

  *Par exemple, la disposition nommée **Disposition 5** permet d'afficher la table des données dans l'espace réservé au graphique.*

Appliquer un jeu de couleurs

- Pour appliquer des couleurs prédéfinies au graphique sélectionné, cliquez sur le bouton **Modifier les couleurs.**
- Pointez une des palettes du cadre **En couleur** ou **Monochrome** de votre choix pour en avoir un aperçu instantanément dans le graphique.

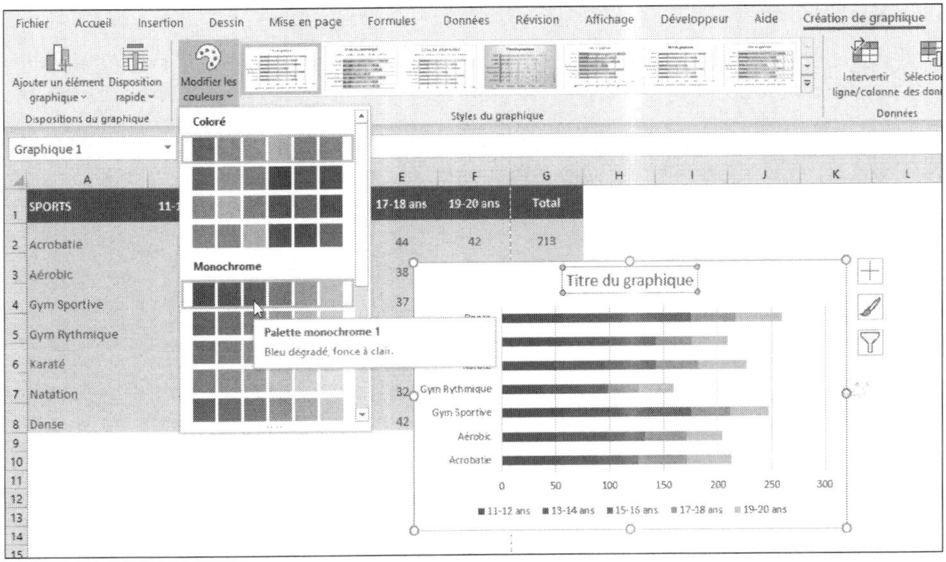

Cliquez sur la série de couleurs souhaitée pour l'appliquer au graphique sélectionné.

Pour modifier les couleurs, vous pouvez aussi cliquer sur l'outil **Styles du graphique**  situé en regard de la zone de graphique, activez l'onglet **Couleur** puis cliquez sur la palette de couleurs à appliquer.

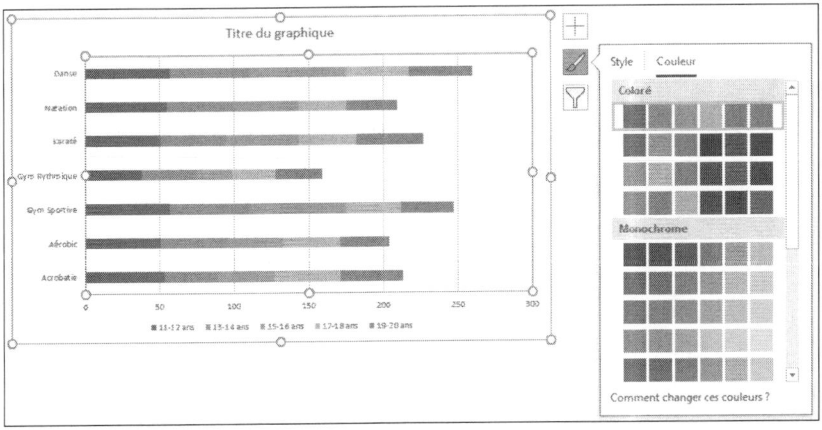

Afficher/masquer des éléments du graphique

Il s'agit d'afficher (en choisissant une position d'affichage prédéfinie) ou de masquer le titre du graphique, les titres des axes, la légende, les étiquettes de données, la table des données, les axes, le quadrillage, les barres d'erreur...

- Activez, si ce n'est déjà fait, le graphique concerné.

Première méthode

- Activez l'onglet **Création de graphique** puis cliquez sur le bouton **Ajouter un élément graphique** du groupe **Dispositions du graphique**.
- Pour afficher un élément, cliquez sur le bouton correspondant à l'élément concerné :

Axes	Pour afficher l'axe horizontal principal avec ou sans les étiquettes et/ou l'axe vertical principal en choisissant son échelle de valeurs (en milliers, en millions, en milliards...).
Titres des axes	Pour afficher une zone de texte modifiable correspondant à l'axe horizontal et une zone de texte modifiable correspondant à l'axe vertical.
Titre du graphique	Pour afficher une zone de texte modifiable, superposée et centrée dans le graphique ou au-dessus du graphique ; pour saisir le titre du graphique, il suffit de cliquer dans la zone de texte puis de saisir le texte.
Étiquettes de données	Pour afficher les valeurs de la série de données sélectionnée ; si aucune série n'est sélectionnée, Excel affiche les étiquettes pour toutes les séries.
Table de données	Pour afficher le tableau correspondant aux données source du graphique, sous ce dernier.
Barres d'erreur	Pour afficher la marge d'erreur potentielle concernant chaque point de données ou marque de données d'une série de données.
Quadrillage	Pour afficher le quadrillage horizontal et/ou vertical principal et/ou secondaire.
Légende	Pour afficher le titre des séries de données ; par défaut, cet élément est affiché à droite du graphique.
Lignes	Pour ajouter des lignes de projection ou des lignes haut/bas.

Courbe de tendance	Pour illustrer les tendances des données existantes ou des prévisions de données futures (cf. Ajouter une courbe de tendance à un graphique).
Barres haut/bas ou **Lignes haut/bas**	Pour relier les séries de données des graphiques en courbes 2D.

- Cliquez ensuite sur le sous-type d'élément souhaité.

En pointant un des éléments proposés, vous obtenez une représentation instantanément sur le graphique actif.

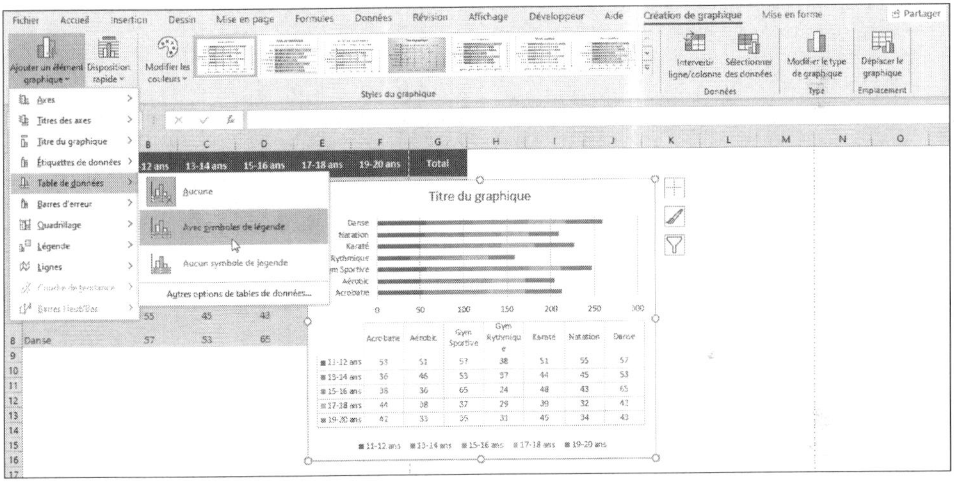

Autre méthode

- Cliquez sur l'outil **Éléments de graphique** situé à droite du graphique.

Les options cochées sont déjà activées pour le graphique, et leur nombre varie selon le type de graphique.

En pointant un des éléments proposés, vous obtenez une représentation instantanément sur le graphique actif.

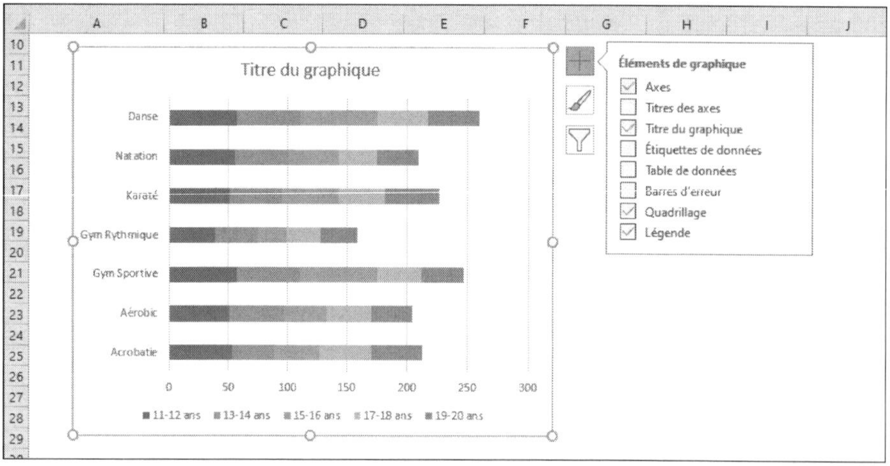

Pour intégrer un élément au graphique, cochez l'option correspondante.

Dans ce cas, Excel intègre l'élément selon ses paramètres de position et mise en forme par défaut.

Le fait d'appliquer certaines dispositions prédéfinies permet aussi d'afficher ou de masquer certains éléments.

Pour masquer un élément, vous pouvez décocher l'option correspondante du volet **Éléments du graphique** ou bien sélectionner l'élément directement dans le graphique puis appuyer sur la touche Suppr.

Certains éléments, comme les titres, la légende... peuvent être déplacés par un cliqué-glissé. Ces mêmes éléments, ou bien d'autres (zone de traçage, légende...), peuvent être dimensionnés en faisant glisser une des poignées de sélection qui apparaissent autour de l'élément lorsque celui-ci est sélectionné.

Options graphiques

Appliquer un style rapide au graphique

Un style rapide est un ensemble prédéfini de couleurs, de remplissage et de contours appliqué aux éléments du graphique.

Première méthode

- Cliquez sur le style voulu dans le groupe **Styles du graphique** de l'onglet **Création de graphique** ; pour visualiser tous les styles disponibles en même temps, cliquez sur le bouton **Autres** de ce même groupe.

Deuxième méthode

- Activez le graphique puis cliquez sur l'outil **Styles du graphique** situé en regard de la zone de graphique et cliquez, si besoin, sur l'onglet **Style** de la fenêtre qui s'affiche.

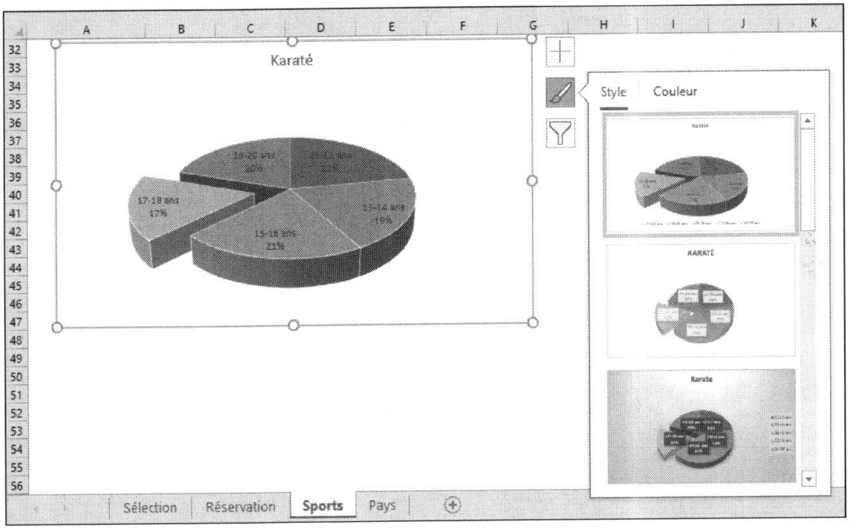

- Cliquez sur le modèle souhaité.

Il est possible d'appliquer un style rapide à un élément du graphique en particulier.

Pour modifier les couleurs du graphique, voir le titre Appliquer une mise en forme prédéfinie au graphique.

Pour effacer la mise en forme personnalisée de l'élément du graphique sélectionné et rétablir ainsi le style visuel général qui lui est appliqué par défaut, vous pouvez activer l'onglet **Format** puis cliquez sur le bouton **Rétablir le style d'origine** du groupe **Sélection active**.

Tracer une forme

- Activez l'onglet **Insertion** et cliquez sur le bouton **Formes** du groupe **Illustrations.**
- Cliquez sur la forme à dessiner.
- Cliquez à l'endroit de la feuille où vous souhaitez voir apparaître la forme pour la dessiner avec des dimensions prédéfinies,

  ou

  faites un cliqué-glissé seul ou accompagné de l'une des touches suivantes dans la feuille de calcul de façon à tracer la forme :

  - utilisez la touche Alt pour aligner la forme sur les cellules,
  - utilisez la touche ⇧ pour dessiner un carré, un cercle ou pour contraindre les dimensions des autres formes.

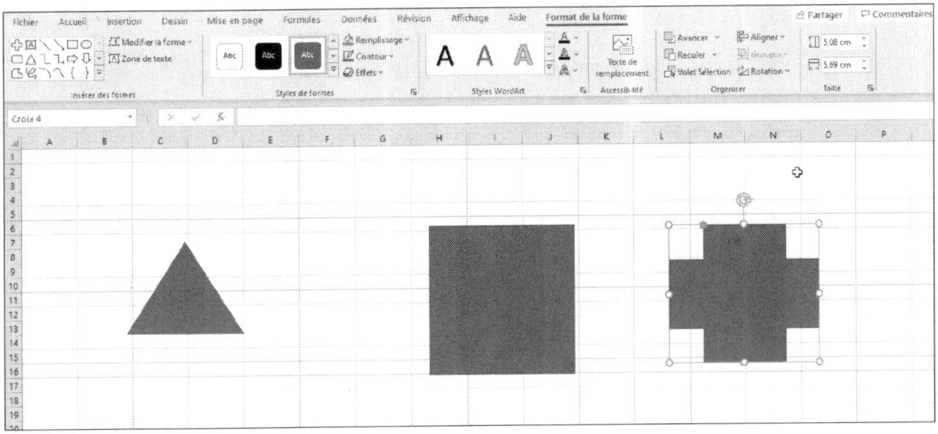

- Saisissez éventuellement le texte qui doit apparaître dans la forme ; utilisez la touche ↵ pour passer à la ligne et la touche Echap pour mettre fin à la saisie.
- Pour mettre en valeur le texte saisi, utilisez les outils de l'onglet **Format de la forme** ou de l'onglet **Accueil.**

Vous pouvez ajouter des formes à un graphique ou ajouter des formes sur un diagramme pour les personnaliser.

Pour ajouter du texte à une forme déjà créée, cliquez dessus pour la sélectionner puis saisissez le texte voulu.

Pour dessiner plusieurs formes identiques à la suite, cliquez sur le bouton **Formes** de l'onglet **Insertion** (groupe **Illustrations**), affichez le menu contextuel de la forme concernée puis activez l'option **Mode Verrouillage du dessin** ; réalisez ensuite les différents tracés ; une fois que toutes les formes souhaitées ont été dessinées, appuyez sur la touche Echap.

Tracer une zone de texte

Une zone de texte est un objet graphique, par défaut sans fond ni contour, destiné à afficher du texte ; elle permet de saisir du texte en dehors d'une cellule.

- Activez l'onglet **Insertion** et cliquez sur le bouton **Zone de texte** du groupe **Texte.**
- Cliquez à l'endroit où vous souhaitez créer la zone de texte,

  ou

  faites un cliqué-glissé seul ou accompagné de l'une des touches suivantes dans la feuille de calcul de façon à tracer la zone de texte :

  - utilisez la touche Alt pour aligner la zone de texte sur les cellules,
  - utilisez la touche ⇧ pour dessiner la zone de texte avec la forme d'un carré.

  *Aussitôt l'onglet contextuel **Format de la forme** apparaît, vous donnant ainsi accès aux outils spécifiques.*
- Saisissez le texte voulu sans vous préoccuper des fins de ligne ; appuyez sur la touche ↵ pour créer un nouveau paragraphe.

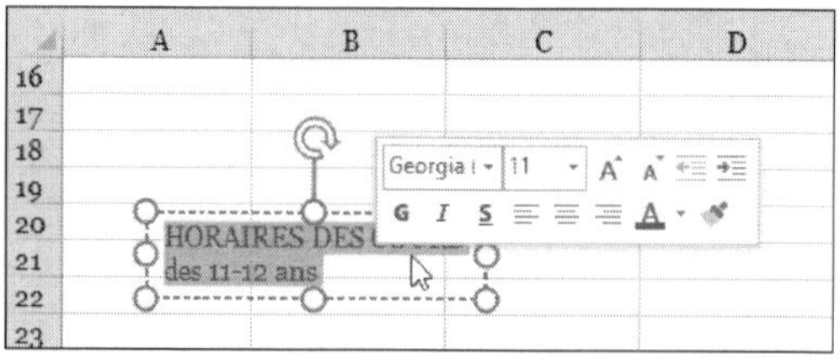

- Pour mettre en valeur le texte saisi, utilisez les outils de l'onglet **Accueil** ou ceux de la mini barre qui apparaît une fois le texte sélectionné.
- Lorsque la zone de texte est terminée, cliquez en dehors.

Si vous souhaitez sélectionner la zone de texte et pas seulement son contenu, cliquez dessus et faites Echap (la zone de texte est alors entourée d'un trait plein et non en pointillés) ; en effet, un seul clic sur la zone permet d'activer son contenu afin de le modifier.

Insérer un objet WordArt

Un objet WordArt est un objet graphique destiné à contenir des caractères présentés avec un effet décoratif. Exemple :

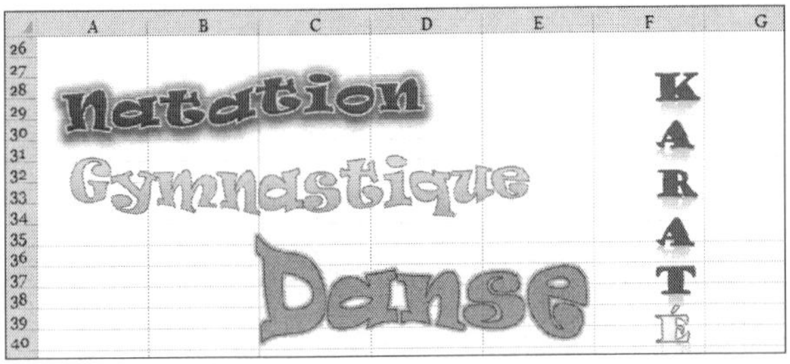

- Activez l'onglet **Insertion** et cliquez sur le bouton **WordArt** du groupe **Texte**.
- Cliquez sur l'effet désiré.

  L'objet s'affiche dans la feuille de calcul avec comme contenu : ***Votre texte ici****.*
- Saisissez le texte sur lequel l'effet WordArt va s'appliquer ; utilisez la touche ↵ pour imposer un saut de ligne.
- Pour mettre en valeur le texte saisi, utilisez les outils de l'onglet **Format de la forme** ou de l'onglet **Accueil**.

Si vous souhaitez sélectionner l'objet WordArt et pas seulement son contenu, cliquez dessus et faites Echap (l'objet WordArt est alors entouré d'un trait plein et non en pointillés) ; en effet, un seul clic sur l'objet permet d'activer son contenu afin de le modifier.

Insérer un fichier image

- Activez l'onglet **Insertion** puis, dans le groupe **Illustrations**, cliquez sur le bouton **Images.**
- Si l'image est stockée sur le poste de travail, cliquez sur le bouton **cet appareil** pour accéder au dossier d'enregistrement du fichier puis double cliquez sur le fichier image à insérer.

  Pour rechercher une image sur Internet ou une image enregistrée dans votre espace OneDrive, cliquez sur le bouton **Images en ligne**.

  *La boîte de dialogue **Images en ligne** s'ouvre.*

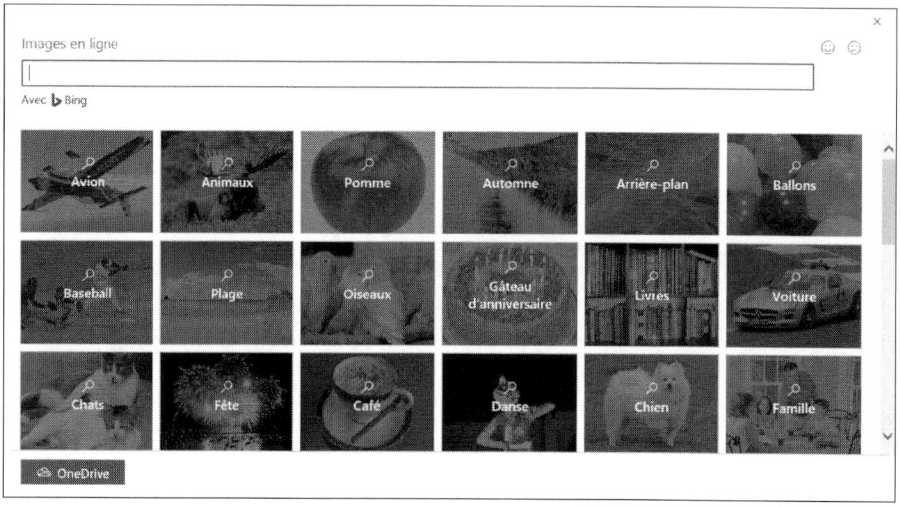

*Le bouton **OneDrive** permet d'accéder à votre espace de stockage en ligne OneDrive.*

- Cliquez sur la vignette d'un des thèmes proposés pour afficher les images correspondantes ou recherchez l'image en saisissant l'élément recherché dans la zone de saisie et appuyez sur ↵ pour afficher les résultats de la recherche.

  *Le moteur de recherche Bing affiche dans un premier temps les images correspondant aux mots-clés saisis qui sont sous licence Creative Commons, ce qui signifie qu'elles peuvent être librement utilisées sous certaines conditions de réutilisation définies par leur auteur ; en désactivant l'option **Creative Commons uniquement**, vous pouvez afficher toutes les images répondant aux critères quelle que soit leur licence d'utilisation.*

- Cliquez sur la vignette de chaque image à ajouter et cliquez sur le bouton **Insérer**.

Pour modifier/supprimer une image, veuillez vous référer au chapitre Gestion des objets de cet ouvrage.

Insérer une icône

Les icônes sont des symboles que vous pouvez ajouter à une feuille de calcul.

- Activez l'onglet **Insertion** et le bouton **Icônes** du groupe **Illustrations**.
- Choisissez le thème de symboles recherché puis cliquez sur l'icône ou les icônes à ajouter.

- Cliquez sur le bouton **Insérer**.

Insérer une capture d'écran

Cette fonctionnalité permet d'intégrer une "photo" d'un élément (écran, fenêtre...) ouvert sur votre écran dans une feuille Excel.

- Assurez-vous que la fenêtre/élément d'une autre application qui est à capturer est bien ouvert.
- Activez la feuille Excel dans laquelle vous souhaitez ajouter la capture d'écran.
- Dans l'onglet **Insertion**, cliquez sur l'outil **Capture**  du groupe **Illustrations.**
- Pour intégrer sous forme d'image l'intégralité d'une des fenêtres ouvertes, cliquez sur la miniature correspondante du cadre **Fenêtres disponibles.**
- Pour intégrer une partie seulement d'une fenêtre, et si plusieurs fenêtres sont ouvertes, sachez que par défaut, la sélection s'effectuera dans la première fenêtre du cadre **Fenêtres disponibles.** Cliquez sur l'option **Capture d'écran** située dans la fenêtre des **Fenêtres disponibles.**

  La fenêtre Excel est aussitôt réduite et seule la fenêtre en arrière-plan est visible (rendue opaque mais visible malgré tout, le pointeur de souris se transforme en petite croix).
- À l'aide d'un cliqué-glissé, sélectionnez la zone à capturer.

*La feuille Excel apparaît à nouveau dès que la sélection est terminée ; Excel insère automatiquement la zone sélectionnée sous forme d'objet graphique. Cette image se gère avec les outils de l'onglet **Format de l'image**.*

Insérer un modèle 3D

Un modèle ou image 3D est un objet en trois dimensions qu'il sera possible de faire pivoter pour visualiser un autre angle. Vous pouvez ajouter dans une feuille de calcul un fichier 3D stocké sur votre ordinateur ou provenant d'un site Internet (via Remixer 3D).

Depuis un fichier

- Activez l'onglet **Insertion** et ouvrez la liste du bouton **Modèles 3D** du groupe **Illustrations** et choisissez l'option **Cet appareil**.
- Accédez au dossier d'enregistrement du fichier puis double cliquez sur son nom.

Depuis la bibliothèque en ligne Remixer 3D

- Activez l'onglet **Insertion** et cliquez sur le bouton **Modèles 3D** (sans ouvrir la liste) du groupe **Illustrations.**

  *La fenêtre **Modèles 3D en ligne** s'ouvre et propose plusieurs catégories de modèles :*

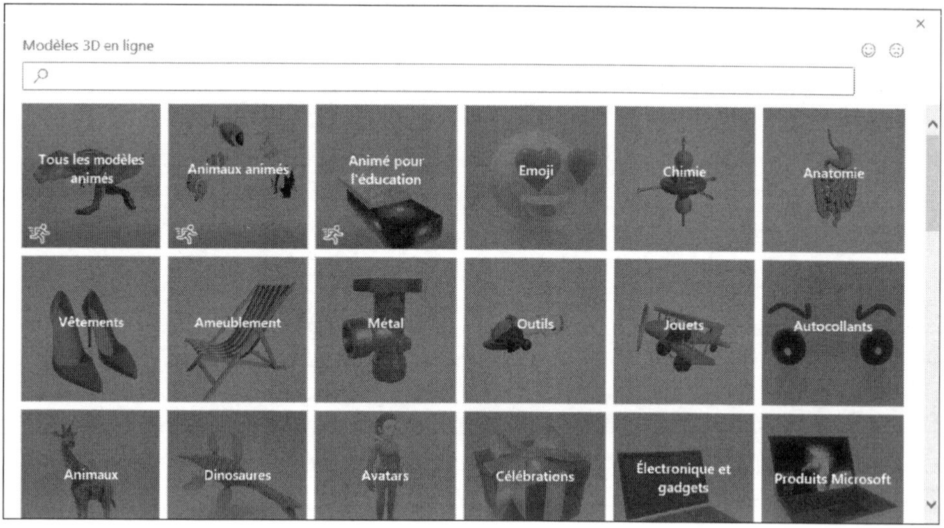

- Pour afficher les modèles 3D d'une catégorie, cliquez sur la vignette correspondante.

  Pour rechercher un modèle 3D, cliquez dans la zone de recherche et saisissez le ou les mots clés permettant de trouver le modèle. Appuyez ensuite sur la touche ⏎ pour afficher les résultats de la recherche.

- Cliquez sur la vignette du modèle à ajouter puis sur le bouton **Insérer**.

*L'image 3D apparaît dans la feuille de calcul et l'onglet contextuel **Modèle 3D** est affiché :*

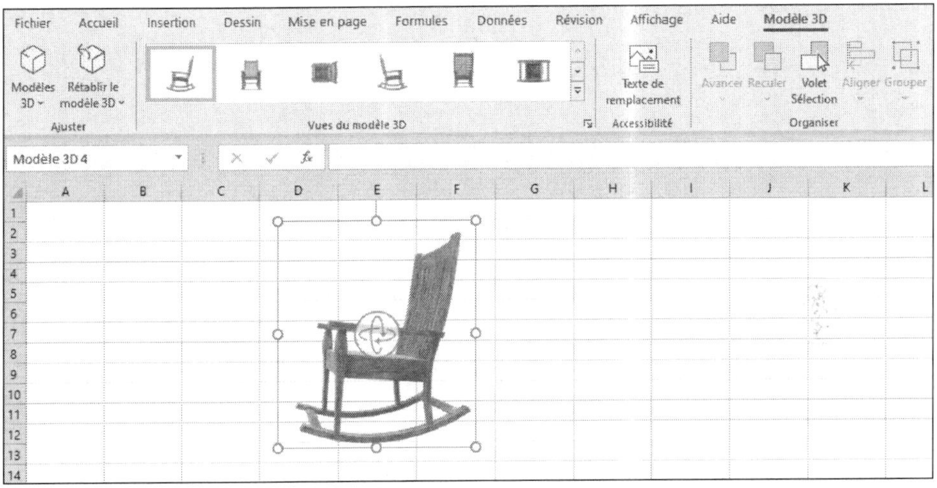

Modifier un modèle 3D

- Pour modifier la taille de l'image, faites glisser une de ses poignées de sélection (ronds blancs) ou précisez, en cm, sa hauteur et sa largeur dans les zones **Hauteur** et **Largeur** du groupe **Taille** de l'onglet contextuel **Modèle 3D**.
- Pour choisir une autre vue du modèle, ouvrez la galerie du groupe **Vues du modèle 3D** et cliquez sur une des vues proposées.

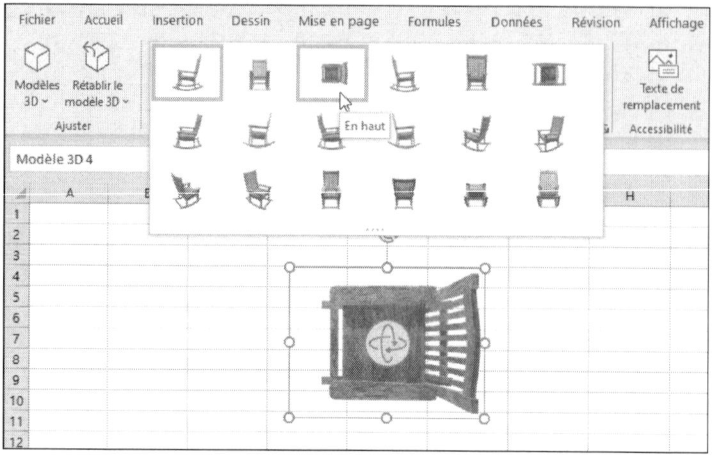

- Pour faire pivoter ou incliner le modèle 3D dans la direction souhaitée, faites glisser l'outil  situé au centre de l'image.
- Pour déplacer ou modifier la taille de l'image dans le cadre, cliquez sur le bouton **Panoramique et zoom** du groupe **Taille**.

  Pour déplacer l'image, faites-la glisser.

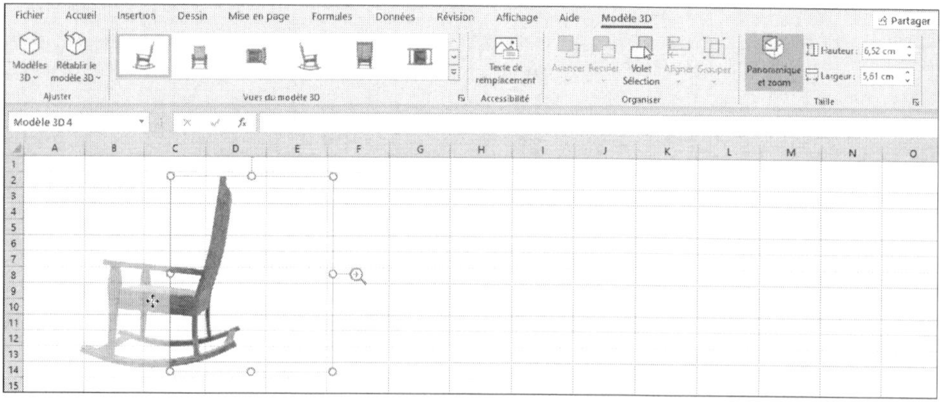

Pour modifier la taille de l'image dans le cadre, cliquez sur l'outil , situé à droite du cadre, et faites-le glisser vers le haut pour agrandir l'image ou vers le bas pour la réduire.

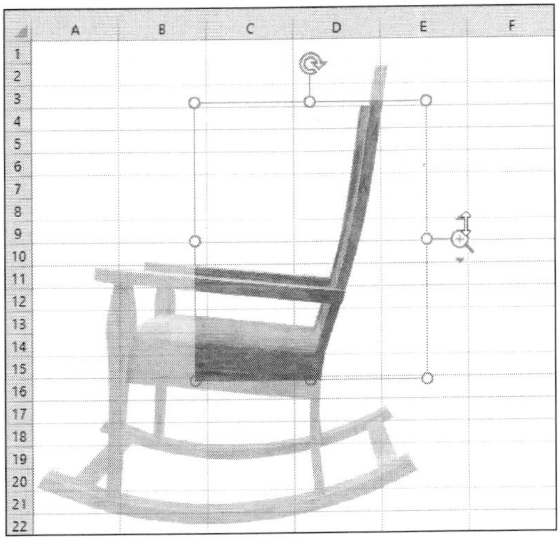

- Pour annuler les modifications effectuées sur le modèle 3D, cliquez sur la partie supérieure du bouton **Réinitialiser le modèle 3D** du groupe **Ajuster** ; pour annuler les modifications et rétablir sa taille d'origine, ouvrez la liste du bouton **Réinitialiser le modèle 3D** et choisissez l'option **Réinitialiser le modèle 3D et la taille**.

Insérer un diagramme (SmartArt)

*Un diagramme, appelé aussi graphique **SmartArt**, est une représentation graphique de vos informations et idées, tel que par exemple, un organigramme.*

- Activez l'onglet **Insertion** et cliquez sur le bouton **SmartArt** du groupe **Illustrations.**

La partie gauche de la boîte de dialogue regroupe tous les types de diagrammes disponibles, la partie centrale affiche toutes les dispositions pour le type sélectionné, et la partie droite affiche la description de la disposition sélectionnée.

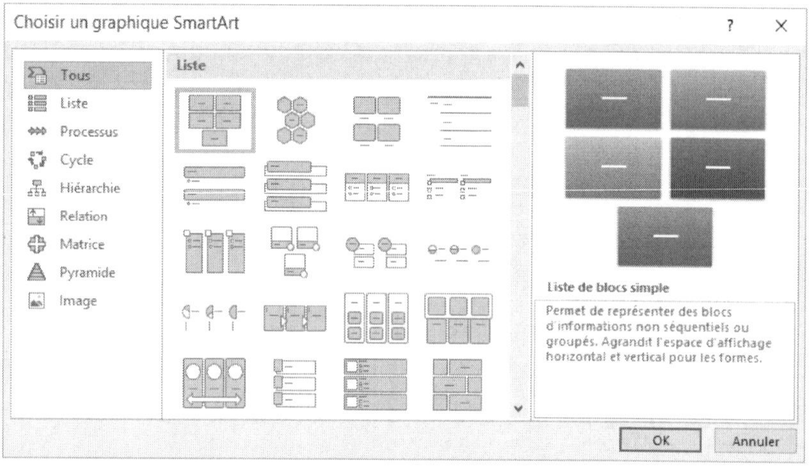

- Choisissez, dans la partie gauche de la boîte de dialogue, le type de diagramme souhaité ; l'option **Tous** regroupe toutes les dispositions pour tous les types de diagrammes.
- Dans la partie centrale de la boîte de dialogue, cliquez sur la disposition souhaitée puis cliquez sur le bouton **OK**.

*Le diagramme vide de texte apparaît, accompagné à gauche d'un volet Texte qui va permettre de le compléter. Le point d'insertion clignote dans le volet, dans le premier espace réservé au texte, appelé puce, et correspondant à la première forme à remplir. Les onglets contextuels **Création de graphique SmartArt** et **Mise en forme** s'affichent.*

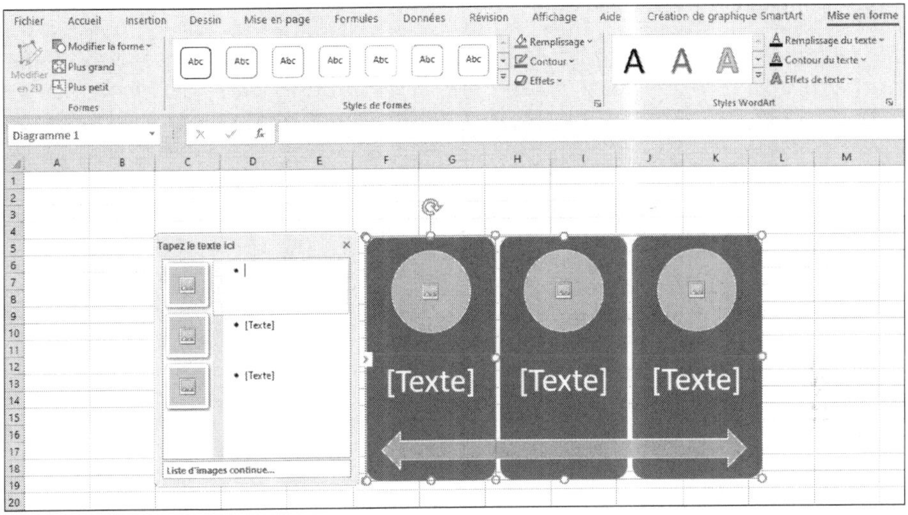

Dans le volet Texte, cliquez sur l'espace réservé **[Texte]** que vous souhaitez compléter et saisissez le texte voulu.

Le volet Texte peut être comparé à un plan ou à une liste à puce. Chaque puce du volet Texte correspond à des informations utilisées pour organiser le diagramme : à mesure que vous saisissez le texte, le diagramme se met automatiquement à jour. Plus vous ajoutez du texte, plus la taille des caractères diminue dans la forme active mais aussi dans les autres formes.

Lorsque le diagramme peut être agrémenté d'une image (ce qui est le cas dans notre exemple), l'icône apparaît au centre de la forme dans laquelle elle peut être intégrée.

Pour insérer une image dans une forme, cliquez sur l'icône puis, dans la boîte de dialogue **Insérer des images**, recherchez et sélectionnez l'image souhaitée avant de valider par le bouton **Insérer**.

Pour supprimer l'image, cliquez sur celle-ci afin de la sélectionner puis appuyez sur Suppr.

Ajouter des puces à une forme

Chaque puce du volet Texte correspond à des informations utilisées pour organiser un diagramme. Chaque diagramme définit ses propres correspondances entre les puces du volet Texte et son propre jeu de formes.

- Cliquez sur la forme dans laquelle vous souhaitez ajouter des puces.
- Cliquez sur le bouton **Ajouter une puce** du groupe **Créer un graphique** de l'onglet **Création de graphique SmartArt**, puis saisissez son nom.

En fonction du type de diagramme choisi, chaque puce ajoutée sera représentée soit par une nouvelle forme, soit par une puce insérée dans une forme. Une puce insérée dans une forme indique que le texte correspondant se trouve à un niveau inférieur par rapport au texte qui le précède.

Exemple : sur ce premier diagramme, une puce a été ajoutée à partir de la première forme.

Afficher/masquer le volet Texte

- Pour fermer le volet Texte, cliquez sur son bouton de fermeture ✕ ou sur le bouton **Volet Texte** du groupe **Créer un graphique** de l'onglet **Création**.

- Pour afficher à nouveau le volet Texte, cliquez sur le bouton situé à gauche de la première forme, ou bien cliquez à nouveau sur le bouton **Volet Texte** (onglet **Création de graphique SmartArt**, groupe **Créer un graphique**).

Gérer les formes d'un diagramme

Plusieurs solutions s'offrent à vous : vous pouvez travailler dans le volet Texte, donc sur les lignes de texte à puce, ou directement sur les formes dans le diagramme.

Créer une nouvelle forme

Sélectionnez la forme après ou avant laquelle vous souhaitez en ajouter une et cliquez sur le bouton **Ajouter une forme** du groupe **Créer un graphique** de l'onglet **Création de graphique SmartArt**, puis cliquez sur l'option **Ajouter la forme après** ou **Ajouter la forme avant** selon le cas.

Pour ajouter une forme en fin de liste, vous pouvez aussi, dans le volet Texte, cliquer à la fin de la ligne de texte à puce après laquelle vous souhaitez ajouter une nouvelle ligne et appuyez sur la touche ↵.

Cela a pour conséquence de créer une nouvelle forme dans le diagramme ou de créer une puce à l'intérieur d'une forme. Pour les diagrammes qui contiennent un nombre fixe de formes, un X rouge apparaît dans le volet Texte et la forme ne se créée pas dans le diagramme :

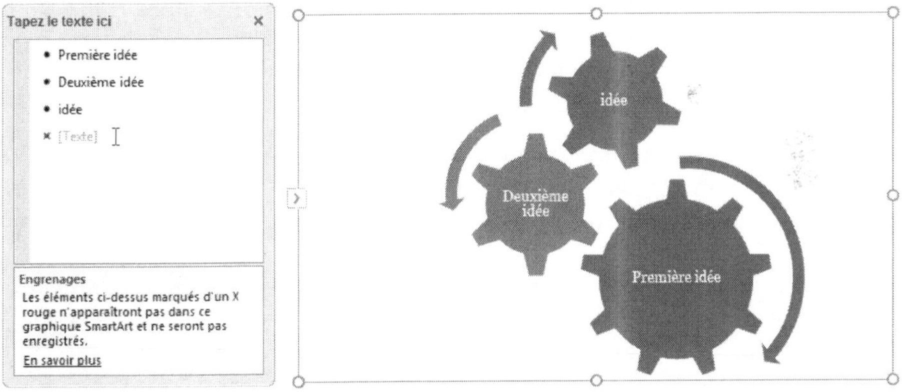

Pour remédier à cela, changez la disposition du diagramme (cf. titre Modifier la présentation générale d'un diagramme).

Modifier le niveau d'une forme

- Pour diminuer le niveau d'une forme, c'est-à-dire mettre en retrait une ligne de puce, à partir du volet Texte, cliquez dans la ligne concernée puis appuyez sur la touche [Tab] ou cliquez sur le bouton **Abaisser** du groupe **Créer un graphique** de l'onglet **Création de graphique SmartArt.**
- Pour augmenter le niveau d'une forme, c'est-à-dire diminuer le retrait d'une ligne du volet Texte, cliquez dans cette ligne puis faites [Shift][Tab] ou cliquez sur le bouton **Promouvoir** du groupe **Créer un graphique** de l'onglet **Création de graphique SmartArt.**

  Le diagramme est toujours mis à jour. Vous ne pouvez pas abaisser le texte de plusieurs niveaux par rapport à la ligne supérieure, ni abaisser la forme de premier niveau.

Supprimer une forme

- Sélectionnez la forme à supprimer dans le diagramme ou sélectionnez la ligne de texte correspondante dans le volet Texte puis appuyez sur la touche [Suppr].

Déplacer des formes ou une image dans le diagramme

- Sélectionnez la forme ou l'image à déplacer dans le diagramme ; si vous devez en déplacer plusieurs, utilisez la touche [Ctrl] pour les sélectionner.
- Faites glisser la sélection à l'endroit voulu dans la zone du diagramme.
- Pour inverser des formes, sélectionnez l'une d'entre elles et cliquez sur le bouton **De droite à gauche** du groupe **Créer un graphique** dans l'onglet **Création de graphique SmartArt.**

Pour remplacer une forme par une autre, sélectionnez-la puis activez l'onglet **Mise en forme**, cliquez sur le bouton **Modifier la forme** du groupe **Formes** puis sur la forme de votre choix.

Modifier la présentation générale d'un diagramme

Vous pouvez changer la disposition, le type, les couleurs d'un diagramme ou encore lui appliquer un style rapide.

- Cliquez, si besoin, sur le diagramme concerné et activez l'onglet **Création de graphique SmartArt**.
- Pour modifier la disposition ou le type du diagramme, sélectionnez le modèle directement dans le groupe **Dispositions** de l'onglet **Création de graphique SmartArt.**

Vous pouvez aussi cliquer sur le bouton ***Autres*** *du groupe* ***Dispositions*** *de l'onglet* ***Création de graphique SmartArt*** *puis sur l'option* ***Autres dispositions*** *pour afficher la boîte de dialogue* ***Choisir un graphique SmartArt.***

- Pour personnaliser la présentation de chacune des formes d'un diagramme (effets, taille...), vous pouvez utiliser les boutons de l'onglet **Mise en forme**, ou ceux de l'onglet **Création de graphique SmartArt** (style, couleurs).
- Pour retrouver la présentation d'origine, cliquez sur le bouton **Rétablir le graphique** du groupe **Rétablir** (onglet **Création de graphique SmartArt**).

Pour désolidariser les formes afin de pouvoir déplacer, redimensionner, supprimer une forme indépendamment des autres, vous pouvez cliquer sur le bouton **Convertir en formes** de l'onglet **Création de graphique SmartArt** - groupe **Rétablir.**

Sélectionner des objets

Les techniques abordées dans ce chapitre sont valables pour les objets graphiques mais aussi pour les graphiques (hors graphique sparkline) et, pour ce qui concerne la mise en forme, pour les éléments d'un graphique.

Sans le volet Sélection

- Pour sélectionner un objet, cliquez dessus.

Attention : pour une zone de texte ou un objet WordArt, faites Echap *pour sélectionner l'objet en entier et non son contenu. Pour un diagramme, faites* Echap *deux fois si vous avez sélectionné une forme en cliquant dessus.*

Lorsqu'un objet est sélectionné (hormis un diagramme ou un graphique), un cadre fictif apparaît autour contenant des ***poignées de sélection****, matérialisées par des ronds blancs sur les côtés et sur les angles :*

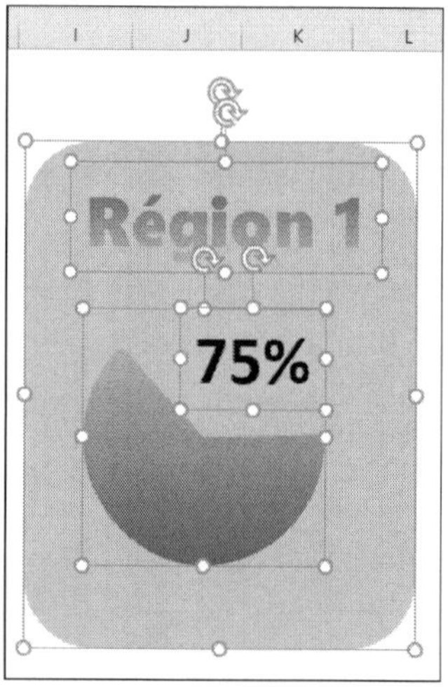

Lorsque vous pointez ces poignées, le pointeur de la souris prend l'aspect d'une double flèche verticale, horizontale ou oblique, en fonction de la poignée.

Certains objets affichent aussi un rond au-dessus, appelé ***poignée de rotation*** *(cf. Gérer les objets). Quant à un diagramme ou à un graphique sélectionné, il est entouré d'un cadre plus élaboré mais le principe des poignées reste identique.*

- Pour sélectionner plusieurs objets en même temps, sélectionnez le premier puis, tout en maintenant la touche ⇧ ou Ctrl enfoncée cliquez sur chaque objet à sélectionner.

  Vous pouvez également, après avoir sélectionné l'option **Sélectionner les objets** dans la liste du bouton **Rechercher et sélectionner** de l'onglet **Accueil**, réaliser un cadre de sélection autour des objets à sélectionner.

Avec le volet Sélection

- Pour afficher ou masquer le volet Sélection, activez l'onglet **Mise en page**, puis cliquez sur l'outil **Volet Sélection** du groupe **Organiser**.

  Vous pouvez aussi activer l'onglet **Accueil**, cliquer sur l'outil **Rechercher et sélectionner** du groupe **Édition**, puis cliquer sur l'option **Volet Sélection**.

  *Le volet **Sélection** s'affiche à droite de l'écran.*

- Pour sélectionner un objet, cliquez sur son nom ; pour sélectionner plusieurs objets, après avoir cliqué sur le premier objet à sélectionner, maintenez la touche Ctrl et cliquez successivement sur le nom de chaque objet à sélectionner.

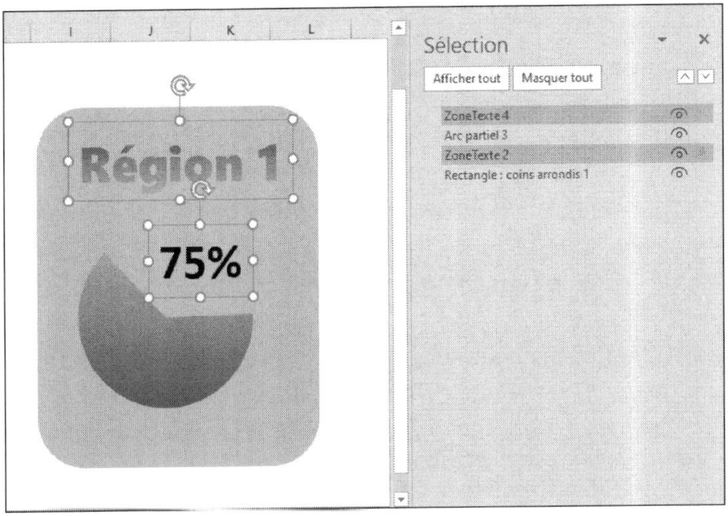

- Pour déplacer le volet Sélection, pointez son en-tête, et lorsque le pointeur de la souris prend la forme suivante ✥, faites glisser le volet à l'endroit souhaité.

  Vous pouvez ainsi fixer le volet à gauche ou à droite de l'écran, ou bien le maintenir dans une fenêtre indépendante partout ailleurs.

- Pour redimensionner le volet, cliquez sur la flèche située en regard du titre du volet **Sélection**, puis cliquez sur l'option **Redimensionner**.

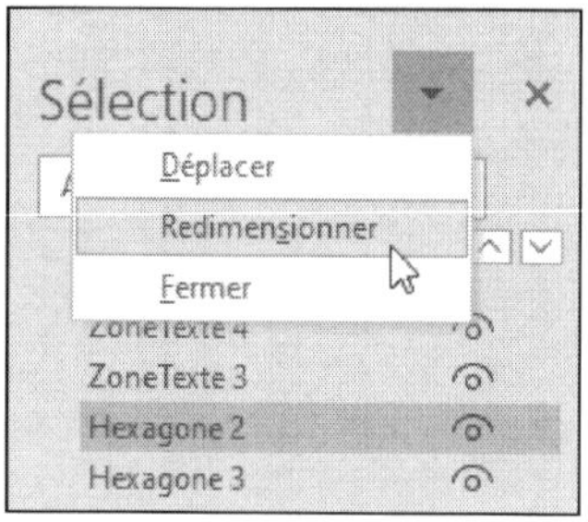

Le pointeur de la souris prend alors la forme suivante ⇔.

Déplacez (sans cliquer) la souris pour redimensionner le volet instantanément, puis cliquez lorsque la taille vous convient.

Vous pouvez également faire glisser la bordure gauche du volet pour le redimensionner.

Pour masquer un des objets graphiques du classeur, cliquez sur le symbole qui lui est associé.

Le symbole de l'objet masqué est alors remplacé par le symbole .

À l'inverse cliquez sur le symbole en regard de l'objet masqué pour l'afficher à nouveau.

- Pour renommer un objet, double cliquez sur le nom de l'objet puis modifiez son nom et validez en appuyant sur ↵.
- Pour fermer le volet **Sélection**, cliquez sur l'outil ✕ situé à droite de sa barre de titre.

*Vous pouvez aussi cliquer à nouveau sur l'option **Volet Sélection** (onglet **Accueil** - groupe **Édition** - outil **Rechercher et sélectionner**), ou l'outil **Volet Sélection** (onglet **Mise en page** - groupe **Organiser**).*

Gérer les objets

- Pour supprimer, déplacer, redimensionner, faire pivoter, grouper ou dissocier... des objets, commencez toujours par sélectionner les objets concernés.
- Pour supprimer les objets sélectionnés, appuyez sur la touche Suppr.
- Pour déplacer des objets, pointez l'un des bords de la sélection jusqu'à ce que le pointeur de la souris prenne la forme suivante puis faites un cliqué-glissé vers le nouvel emplacement.
- Pour dimensionner des objets, faites glisser l'une des poignées de sélection.

  Vous pouvez aussi préciser les dimensions exactes dans les zones **Hauteur** et **Largeur** du groupe **Taille** de l'onglet **Format de la forme**.
- Pour faire pivoter un objet, pointez la poignée circulaire située en haut de l'objet puis faites-la glisser pour le faire pivoter.

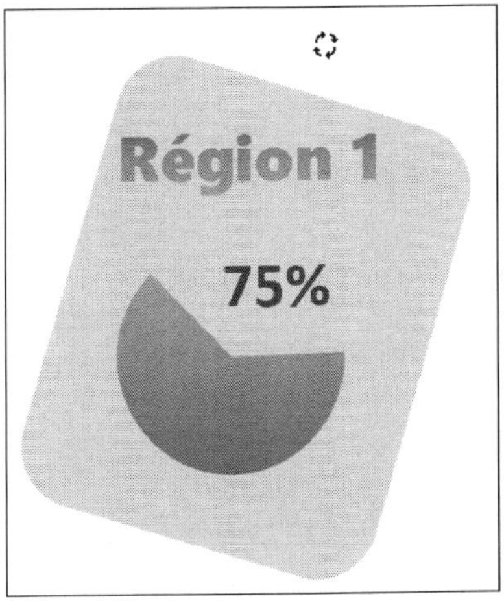

Vous pouvez faire pivoter une zone de texte, une forme, un objet WordArt, une image mais aussi une forme à l'intérieur d'un diagramme.

- Pour appliquer une rotation précise, cliquez sur l'outil **Rotation** situé dans le groupe **Organiser** de l'onglet **Format** et choisissez une des options proposées.

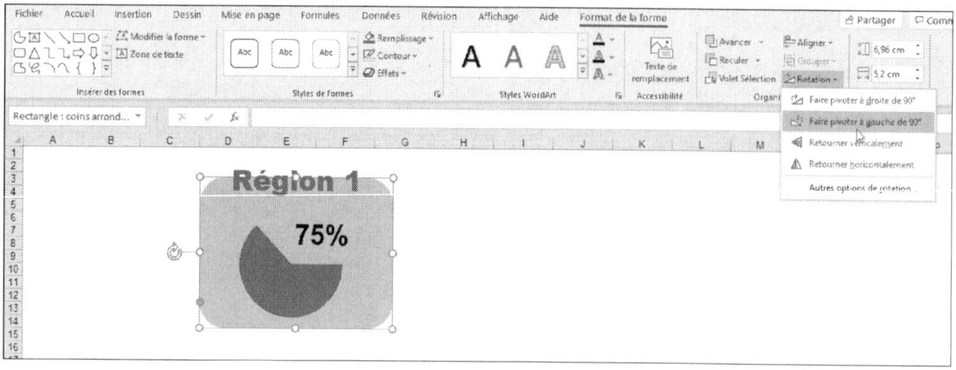

- Pour grouper/dissocier les objets sélectionnés afin de pouvoir les déplacer, les dimensionner, les mettre en valeur en une seule manipulation, activez l'onglet **Format de la forme** puis cliquez sur l'outil **Grouper** du groupe **Organiser** et activez l'option **Grouper**.

  *Un seul cadre entoure à présent les objets. Notez que la zone de nom de la barre de formule affiche désormais le terme **GroupeN**.*

- Pour dissocier des objets groupés, sélectionnez le groupe puis cliquez sur l'outil et choisissez l'option **Dissocier**.

- Pour aligner des objets entre eux par rapport à leur bord supérieur, inférieur, gauche, droit ou leur centre horizontal ou vertical, activez l'onglet **Format de la forme** puis cliquez sur l'outil **Aligner** du groupe **Organiser** et activez l'une des six premières options, correspondant à l'alignement voulu.

  *Les options **Distribuer horizontalement** et **Distribuer verticalement** de ce sous-menu permettent d'uniformiser l'espace existant entre chaque objet de la sélection.*

- Pour modifier l'ordre de superposition des objets, activez l'onglet **Format de la forme** et choisissez l'une des options suivantes :
  - Cliquez sur le bouton **Avancer** du groupe **Organiser** et activez l'option **Premier plan** pour placer l'objet devant tous les autres ou l'option **Avancer** pour placer l'objet devant celui qui le précède.
  - Cliquez sur le bouton **Reculer** du groupe **Organiser** et activez l'option **Arrière plan** pour placer l'objet derrière tous les autres ou l'option **Reculer** pour placer l'objet derrière celui qui le suit.

Modifier la mise en forme d'un objet

- Pour appliquer un style prédéfini aux objets sélectionnés (zone de texte, forme, objet WordArt, ou forme à l'intérieur d'un diagramme ou encore élément de graphique), activez l'onglet **Format de la forme** puis cliquez sur le style voulu dans le groupe **Styles de formes.**
- Pour modifier le remplissage des objets sélectionnés (zones de texte, formes, objets WordArt, formes à l'intérieur d'un diagramme ou le diagramme en entier ou encore un élément de graphique), activez l'onglet **Format de la forme** puis cliquez sur le bouton **Remplissage** du groupe **Styles de formes** pour modifier le fond de la sélection :

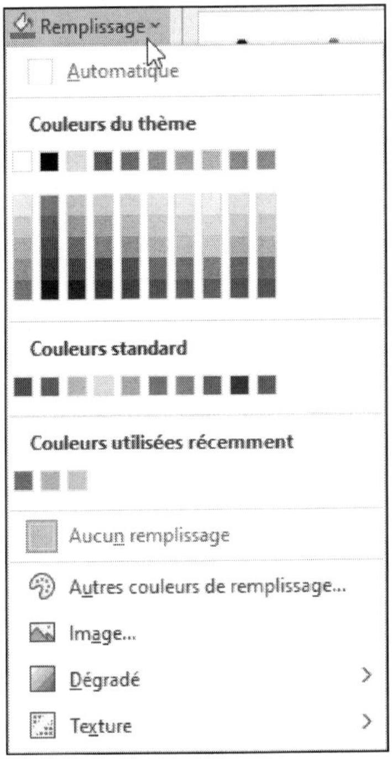

Réalisez l'une des manipulations suivantes :

- Cliquez sur une pastille parmi les **Couleurs du thème** ou les **Couleurs standard** pour remplir l'objet avec la couleur choisie.

*L'option **Autres couleurs de remplissage** permet de créer vos propres couleurs.*

- Cliquez sur l'option **Image** pour remplir l'objet avec un fichier **Image** que vous sélectionnez dans la boîte de dialogue **Insérer des images**.
- Cliquez sur l'option **Dégradé** pour appliquer dans le fond de l'objet, un dégradé de la couleur préalablement sélectionnée.
- Cliquez sur l'option **Texture** pour appliquer une texture particulière comme fond d'objet.

Pour modifier la bordure de la sélection, cliquez sur le bouton **Contour** du groupe **Styles de formes** :

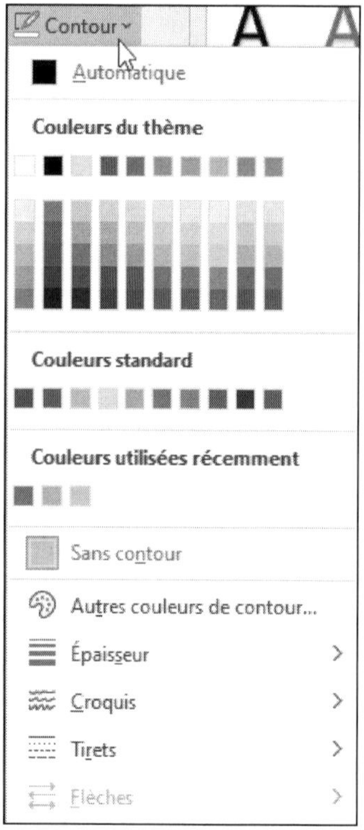

Réalisez l'une des manipulations suivantes :

- Cliquez sur une pastille parmi les **Couleurs du thème** ou les **Couleurs standard** pour appliquer cette couleur à la bordure de l'objet.

*L'option **Autres couleurs de contour** permet de créer vos propres couleurs.*

- Cliquez sur l'option **Épaisseur** pour modifier l'épaisseur de la bordure.
- Cliquez sur l'option **Tirets** pour changer le style de la bordure.
- Cliquez sur l'option **Croquis** pour appliquer un style croquis.

Pour appliquer un effet de profondeur, cliquez sur le bouton **Effets** du groupe **Styles de formes** puis activez une des options proposées dans les différents sous-menus :

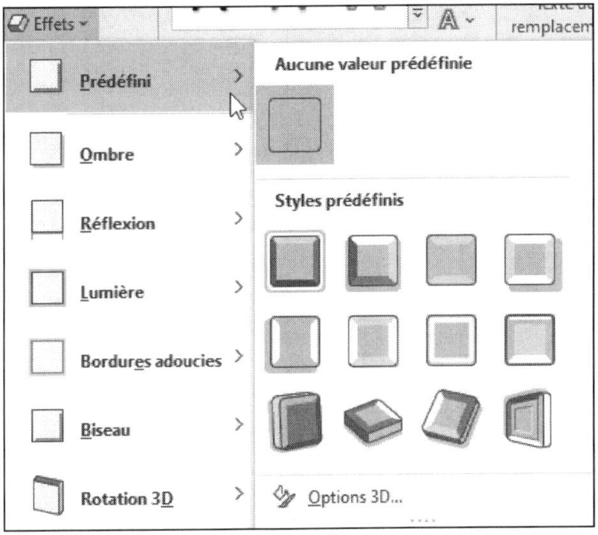

Vous retrouvez ces options dans le volet Office **Format de la forme** que vous ouvrez en cliquant sur le Lanceur de boîte de dialogue du groupe **Styles de formes.**

L'option **Aucun remplissage** du bouton **Remplissage** permet de supprimer le remplissage de l'objet sélectionné ; l'option **Sans contour** du bouton **Contour** permet de supprimer la bordure de l'objet ; enfin, chaque sous-menu du bouton **Effets** comporte une option de type **Aucune** (**Aucune ombre**, **Aucune réflexion...**) qui permet d'annuler un effet.

Modifier le format d'une image

- Sélectionnez l'image concernée par un simple clic ou, si besoin, par un double clic de manière à afficher l'onglet contextuel **Mise en forme**.

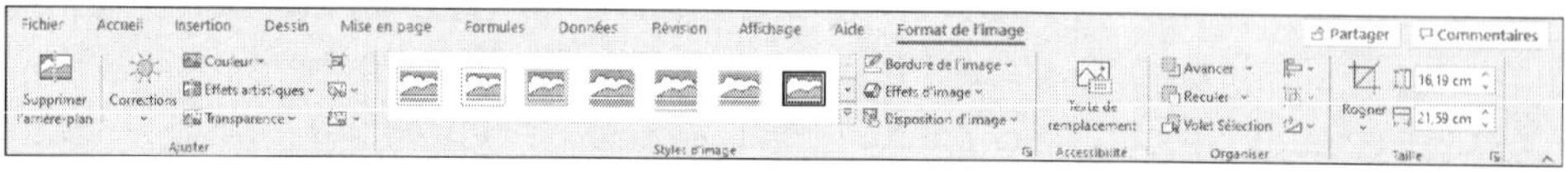

- Pour appliquer un style prédéfini à l'image, ouvrez la galerie du groupe **Styles d'image** en cliquant sur l'outil **Autres** et cliquez sur un des styles proposés.
- Pour modifier la bordure de l'image, cliquez sur le bouton **Bordure de l'image** du groupe **Styles d'image** et choisissez la couleur, l'épaisseur et le style de la bordure.
- Pour appliquer un effet particulier à l'image, cliquez sur le bouton **Effets d'image** du groupe **Styles d'image**, choisissez le type d'effet - **Prédéfini** (pour un effet 3D), **Ombre**, **Réflexion**, **Lumière**, **Contours adoucis**, **Biseau** ou **Rotation 3D**) puis cliquez sur le sous-type souhaité.
- Pour modifier la luminosité et le contraste de l'image, cliquez sur le bouton **Corrections** du groupe **Ajuster**.
- Pour modifier les paramètres des couleurs d'une image, cliquez sur le bouton **Couleur** du groupe **Ajuster**.

  Pointez l'un des modèles pour en voir les effets sur l'image sélectionnée puis cliquez sur le modèle souhaité,

  ou

  cliquez sur **Options de couleur de l'image** pour définir la **Saturation de la couleur**, la **Nuance des couleurs** dans le volet Office **Format de l'image.**
- Pour rendre transparente une couleur de l'image sélectionnée, cliquez sur le bouton **Couleur** du groupe **Ajuster** puis cliquez sur **Couleur transparente.**

  Le pointeur de la souris prend la forme suivante .

  Cliquez alors sur la zone de l'image contenant la couleur à effacer.

- Pour appliquer un effet artistique, cliquez sur le bouton **Effets artistiques** du groupe **Ajuster** puis cliquez sur le modèle souhaité.

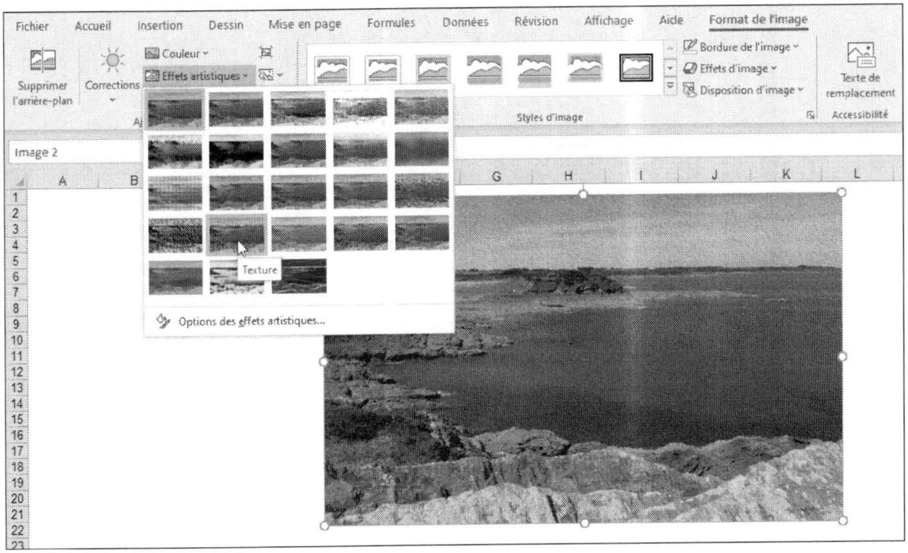

Vous pouvez modifier les paramètres d'un effet artistique à partir de l'option ***Options des Effets artistiques****.*

- Pour annuler tous les formats de l'image, ouvrez la liste associée au bouton **Rétablir l'image** du groupe **Ajuster** puis cliquez sur **Rétablir l'image** ou pour annuler uniquement les changements de taille, cliquez sur l'option **Rétablir la taille de l'image**.

Le bouton **Changer l'image** du groupe **Ajuster** permet de remplacer l'image sélectionnée par une autre (un fichier Image) tout en conservant les options de format appliquées.

Pour modifier les dimensions d'une image, reportez-vous au titre Gérer les objets, au début de ce chapitre.

Toutes les options de mise en forme sont également accessibles à partir du volet Office **Format de l'image** que vous pouvez afficher en cliquant sur le Lanceur de boîte de dialogue du groupe **Styles d'image** ou **Taille**.

Mettre en valeur les caractères d'un objet

Ces techniques permettent de modifier l'apparence des caractères d'une zone de texte, d'une forme, d'un objet WordArt mais aussi d'une forme à l'intérieur d'un diagramme ou encore d'un élément de graphique.

- Sélectionnez le ou les objets contenant le texte à mettre en valeur.

Sans le volet Format de la forme

- Utilisez la mini barre d'outils associée à la sélection de caractères ou les outils et boutons du groupe **Police** de l'onglet **Accueil** pour modifier la police, la taille, les mises en valeur, la couleur des caractères.
- Pour appliquer des effets spéciaux, activez l'onglet **Format de la forme** et utilisez les boutons suivants du groupe **Styles WordArt** :

Styles rapides	Pour appliquer un effet de caractère de type WordArt à partir d'un des vingt modèles.
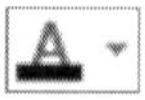	Pour appliquer une couleur, un dégradé, une image ou une texture au fond des caractères.
	Pour appliquer un contour aux caractères.
	Pour appliquer un effet spécial aux caractères (ombre, lumière...).

Avec le volet Format de la forme

- Cliquez sur le Lanceur de boîte de dialogue du groupe **Styles WordArt** (onglet **Format**) pour afficher le volet **Format de la forme.**
- Activez, si ce n'est déjà fait, l'onglet **Options de texte.**

  *Ce volet regroupe les **Options de texte** dans différentes listes réparties en trois grandes catégories : **Remplissage et contour de texte**, **Effets de texte** et **Zone de texte**.*

  *Ici, nous visualisons les six listes d'options de la catégorie **Effets du texte**.*

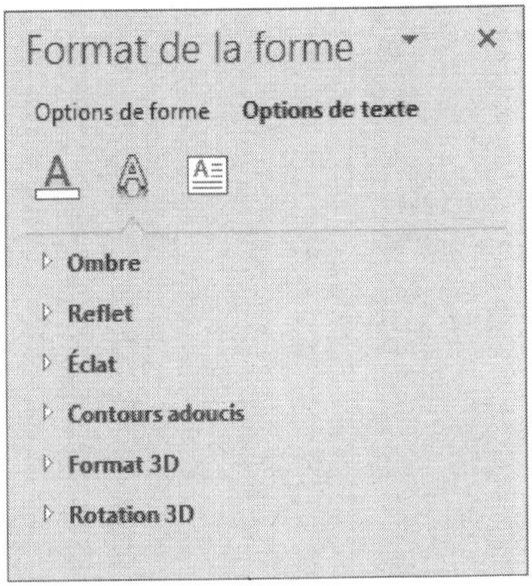

- Pour afficher le détail d'une liste, cliquez sur son nom.
- Apportez les modifications souhaitées à la forme sélectionnée en utilisant les différentes options de ce volet.

Raccourcis-clavier

Avec Excel Microsoft 365, la touche [Alt] *permet d'afficher les touches accélératrices du ruban, mais sachez que la plupart des anciens raccourcis-clavier commençant par* [Alt] *fonctionnent encore.*

Recherche/Remplacement

[⇧] [F4]	Rechercher l'occurrence suivante
[Ctrl] [⇧] [F4]	Rechercher l'occurrence précédente
[Ctrl] H	Remplacer/Rechercher
[F5] ou [Ctrl] T	Atteindre
[Alt] clic	Bibliothèque de recherche

Insertion

[Ctrl] +	Cellule, Ligne, Colonne
[⇧] [F11]	Feuille de calcul
[F11]	Graphique - Comme nouvelle Feuille
[Ctrl] [F3]	Gestionnaire de noms
[F3]	Coller un nom
[Ctrl] [⇧] [F3]	Créer à partir de la sélection
[⇧] [F2]	Commentaire
[Ctrl] K	Lien hypertexte

Affichage ligne/colonne

[Alt] ”	Masquer une ligne
[Alt] _	Afficher une ligne
[Alt] (	Masquer une colonne
[Alt])	Afficher une colonne

Macro

Alt F8	Macros
Alt F11	Visual Basic Editor
Alt ⇧ F11	Microsoft script Editor

Calcul et formule

F9	Calculer toutes les feuilles de calcul de tous les classeurs ouverts
⇧ F9	Calculer la feuille active
Ctrl "	Afficher les formules de calcul

Saisies particulières

AltGr E	Symbole Euro
Ctrl ;	La date du jour
Ctrl :	L'heure
Ctrl $	Valeur de la cellule du dessus
Alt =	Formule Somme automatique
Suppr	Effacer formules et données
Alt ↓	Afficher la liste des saisies semi-automatique

Barre de formule

F2	Accès au mode Modifier
=	Début d'une formule
Ctrl Suppr	Suppression à partir du point d'insertion jusqu'à la fin de la ligne
Alt ↵	Saut de ligne
Echap	Annulation de la saisie
↵	Validation
Ctrl ↵	Insère le contenu de la cellule active dans les cellules sélectionnées
Ctrl ⇧ ↵	Valide une formule matricielle

F4	Références absolues/relatives
Ctrl **A**	Après la saisie d'un nom de fonction, affiche la palette de formules
Ctrl ⇧ **A**	Après la saisie d'un nom de fonction, affiche les arguments de la fonction

Mise en forme de cellule

Ctrl **'**	Aucune bordure
Ctrl **G**	Attribut Gras
Ctrl **I**	Attribut Italique
Ctrl **U**	Attribut Souligné
Alt **'**	Style
Ctrl ⇧ **F**	Cellule, Objet, ...
F7	Orthographe
Ctrl **Q**	Outil Analyse rapide
Ctrl ⇧ **1**	Affiche la boîte de dialogue **Format de cellule**

Format des nombres et des dates

Ctrl **R**	Format numérique standard
Ctrl **!**	Format milliers à deux décimales (0,00)
Ctrl **M**	Format monétaire à deux décimales (# ##0,00 €)
Ctrl **E**	Format numérique exponentiel à deux décimales (0,00E + 00)
Ctrl **J**	Format date (jj-mmm-aa)

Déplacements

↖	Début de ligne
Ctrl ↖	Début de la feuille : A1
Ctrl Fin	Cellule correspondant à l'intersection de la dernière colonne de droite utilisée et la dernière ligne du bas utilisée
Ctrl F6 ou Ctrl ⇆	Fenêtre suivante

[Ctrl] [⇧] [F6] ou [Ctrl] [⇧] [⇆]	Fenêtre précédente
[Ctrl] [⇟]	Feuille suivante dans le classeur
[Ctrl] [⇞]	Feuille précédente dans le classeur
[F6]	Volet suivant
[⇧] [F6]	Volet précédent

Sélections

[Ctrl] **A**	Toute la feuille
[Ctrl] [Espace]	Colonne active
[⇧] [Espace]	Ligne active
[F8]	Active et désactive le mode Étendre la sélection
[⇧] [F8]	Active et désactive le mode Ajout de sélection
[Ctrl] [⇧] **O**	Cellules contenant une annotation.
[Ctrl] *****	Plage rectangulaire de cellules autour de la cellule active.
[Ctrl] **/**	Totalité de la matrice à laquelle appartient la cellule active.

Mode Plan

[Alt] [⇧] [←]	Dissocie une ligne ou une colonne d'un groupe
[Alt] [⇧] [→]	Associe une ligne ou une colonne à un groupe
[Ctrl] **L**	Affiche/masque les symboles du plan

Index

Index

D

E

F

Index

Index